Der Philosoph ist für Alain (eigentlich Emile Auguste Chartier, 1868-1951) in gewisser Weise ein Seelenarzt, die Philosophie ihrem Wesen nach Ethik und Erkenntniskritik, weil unser natürlicher Zustand der Irrtum ist, die Verwirrung und Zusammenhanglosigkeit unserer Gedanken. Der innere Vorgang jeder Betrachtung (jedes Propos) versucht daher, den Leser zu sammeln und zur Klarheit zu führen; denn auf dem gedankenlosen Dunkel gründet die Angst, unser unglücklichster Zustand. Demnach besteht das Talent des Arztes darin, den Teil des Menschen, der den übrigen retten kann, wiederzuerwecken und ihm eine Richtung zu geben. Das aber vermag allein die Kraft der Idee im Entstehen. In ihr liegt die eigentliche Faszination des Propos, einer Mischung aus gedrängtem Essay und Prosagedicht.

»Die Vernunft steht über den Tatsachen; sie erhellt sie unermüdlich; das ist ihre Weise, in der Welt zu wirken. Wie ein Leuchtturm, der weder den Wind noch die Wellen, noch den Nebel verändert, sondern nur nach Zahl und Vorschrift leuchtet.«

insel taschenbuch 1559

Alain

# Sich beobachten heißt sich verändern

# *Alain*
# *Sich beobachten heißt sich verändern*

Betrachtungen
Auswahl, Übersetzung
und Nachwort
von Franz Joseph Krebs

Insel Verlag

insel taschenbuch 1559
Erste Auflage 1994

Hinweise zu dieser Ausgabe am Schluß des Bandes
Vertrieb durch den Suhrkamp Taschenbuch Verlag
Umschlag nach Entwürfen von Willy Fleckhaus
Satz: Fotosatz Otto Gutfreund GmbH, Darmstadt
Druck: Nomos Verlagsgesellschaft, Baden-Baden
Printed in Germany

1 2 3 4 5 6 - 99 98 97 96 95 94

## *Inhalt*

Und immer wieder wird es klar,
daß unser Denken sich durch Lesen bildet,
was so viel heißt wie
Rat suchen bei den Unsterblichen.

Alain

# *Statt eines Vorworts*

Kein Mensch denkt, es sei denn nach den Gedanken eines anderen, und diese Methode kann man ersehen aus den Tiefsten und aus den Ehrgeizigsten. Die ersteren nehmen, was ihnen gut dünkt, und dringen weiter vor. Die anderen verwerfen viel und manchmal gar alles gemäß der Methode der Widerlegung, die den Advokaten eigen ist. Und dieser wissenschaftliche Streit, dessen Merkmale man überall in unseren Schulhandbüchern antrifft, ist gewiß schlecht; denn mit welchem Recht will man behaupten, daß die Metapher eines Dichters nicht eine tiefe Idee enthält? Die Werke sind menschliche Taten; die großen Werke sind, wie Comte sagt, auf uns gekommen durch eine Gefolge von Bewunderern; dieses Stimmengewirr, das aus der Vergangenheit an unser Ohr dringt, bedeutet gewiß etwas. Wenn sich die Menschheit jemals zeigt, dann zeigt sie sich darin, und am Menschen liegt es, damit übereinzustimmen, indem er sich stets dafür entscheidet, daß das, was ohne Sinn zu sein scheint, nur das ist, was wir nicht verstehen können. Allgemeine Vorentscheidung; starke Vorentscheidung, die bereits der Kultur die Richtung gibt.

Alain, *Kultur und Sprache*, November 1929

## *Der Mut des Sokrates*

Jemand rühmte den Mut des Sokrates, der in einer Schlacht, in der die Athener besiegt worden waren, ganz auf sich gestellt einen ehrenhaften Rückzug angetreten hatte, wohingegen die anderen wie die Hasen flohen. Als Sokrates diese Lobrede hörte, lachte er und sagte: »Du hältst mich für mutig, in Wirklichkeit war ich es an diesem Tage weniger als all die, die flohen. Denn ich schätze, daß man eine stolze Verachtung der Gefahr aufbringen muß, um seine Waffen wegzuwerfen, wenn man vom Feind bedrängt wird und ihm seinen Rücken darbietet wie eine Zielscheibe; ich dagegen, als ich denen, die mich verfolgten, die Stirn bot, die Augen weit aufriß, die Stirn runzelte und mich zum Kampf stellte, war, scheint mir, von Furcht getrieben; und ich sehe nicht, inwiefern derjenige, der sich, so gut er kann, hinter seinem Schild versteckt, wenn er keine andere Deckung findet, mutiger sein soll als der, der sich mit geschlossenen Augen in die Flucht stürzt wie in einen Abgrund. Ich sehe nur, daß der eine dieser beiden findiger ist als der andere.«

Als sie diese seltsame Rede über den Mut hörten, waren die jungen Leute, die dabeisaßen, wie erstarrt; es schien ihnen, als seien all ihre vertrauten Begriffe aus ihren Köpfen davongeflogen. Das war die Wirkung, die Sokrates durch seine spitzfindigen Reden fast immer erzielte; daher hatte man ihm den Beinamen Zitterrochen gegeben.

Aber ein ernsthafter Mann erhob sich, zeigte Sokrates die Faust und rief: »Mit welchem Recht wirfst du die Blüten und Früchte, die deine Handlungen tragen, ins Feuer? Warum setzt du deine Tugenden herab auf das Niveau der beschämendsten Laster? Bleib doch ungekünstelt und laß diejenigen sprechen, die dich loben; denn der Staat braucht nicht nur gute Handlungen; begeisterte Reden sind ihm nicht weniger nützlich. Warum mit Worten spielen? Warum verdrehst du wie der Betrunkene, der sein Gewand verdreht, die Worte? Siehst du nicht, welche Entschuldigungen du den Feigen lieferst, die sich mit Frauen und Kindern in die Kellerwinkel davonschleichen, während die anderen auf den Festungswällen kämpfen? Es wäre viel besser, Sokrates, du wärest an jenem Tag geflohen und hättest heute nicht zu uns gesprochen. Deine ironische Bescheidenheit richtet mehr Schaden an, als dein Mut Nutzen gebracht hat. In allen Angelegenheiten handelst du wie ein guter Bürger; aber du denkst respektlos, und du sprichst respektlos; deine Intelligenz verdirbt all deine Tugenden; du gehorchst den Göttern, aber du glaubst nicht an die Götter; du bist mutig, und du bewunderst den Mut nicht. Du würdest ohne Begeisterung für das Vaterland sterben; aber noch lieber würdest du sterben, um eines deiner Paradoxe zu erhärten. Du wirfst uns deine Ergebenheit ohne jede Liebe hin, wie man einem Hund einen Knochen hinwirft. Deine Tugenden machen sich über die Tugend lustig. Fürchte den gerechten Zorn der Götter.« Sokrates versank in ein bodenloses Nachdenken. Im Gefängnis zerstieß bereits der Sklave den Schierling.

1. März 1908

## *Zola und Balzac*

Über das Werk Zolas ist noch zu sprechen. Barrès hat im Gefolge Brunetières darüber nur Platitüden vorgebracht. Die Beschreibung dessen, was die Begierde reizt, ist zweifellos gefährlich; aber die Beschreibung dezent verhüllter Leidenschaften ist es vielleicht nicht minder. Lassen wir also die Moral und sprechen wir vom Wahren.

Zola hat die menschliche Gesellschaft wie eine Maschine gesehen, deren Räderwerk von der Begierde getrieben wird. Wenn man Männer und Frauen reden hört, sollte man meinen, daß sie hauptsächlich Herz und Intelligenz besitzen, daß sie das Geld lieben, die Macht, die Würden; daß die Leidenschaften der Liebe vor allem in einem Austausch von Ideen und Gefühlen bestehen, die von den Stürmen des Stolzes geschüttelt werden. Aber dem ist nicht so. Das ist nur Scheinheiligkeit. Ihre Leidenschaften sind gleichsam ihre Gewänder; darunter sind sie ganz nackt und so tierisch wie nur möglich. Wenn man also begreifen will, was in den Akademien, den politischen Diskussionen, an der Börse, in den Salons, im Atelier vor sich geht, muß man in die Alkoven eindringen und das Licht gerade in dem Augenblick einschalten, in dem es gewöhnlich ausgeschaltet wird.

Nimmt man das an, kann ein Gemälde der Sitten nicht wahr sein, wenn es nicht schockierend ist; und es ist unvermeidlich, daß wir erröten, wenn wir in den Spiegel schauen, den uns der Romancier vorhält. Aber das ist nur um so schlimmer. Wenn es so ist, muß man sagen, daß es so ist. Ziemlich lange Zeit haben die Menschen von dezenten Lügen gelebt; und da diese Lügen nur der Ungerechtigkeit als Maske gedient und obendrein die Ungerechtigkeit verschlimmert haben, riskiert man nichts, wenn man die Wahrheit sagt. Diese errötende Schamhaftigkeit verdient kein Mitleid; schaut sie euch nur recht an, es ist dieselbe Schamhaftigkeit, die den Unschuldigen in seinem Gefängnis hätte sterben lassen.

Wenn man die Dinge so nimmt, ist das ganze Werk Zolas von der Helligkeit der Morgenröte überstrahlt. Nur kann man annehmen, daß er sich getäuscht hat. Es ist vielleicht nicht die Begierde, die die Welt der Menschen bewegt; vielleicht ist es die Leidenschaft. Was ist Leidenschaft? Es ist eine Mischung aus Ideen, Wutanfällen und Begierden, die die Begierden verwandeln und fast auslöschen kann und die die tierischen Torheiten durch eigentlich menschliche Torheiten ersetzt, durch Geiz, Ehrgeiz, Eitelkeit, Eifersucht, Fanatismus. Vielleicht ist es wahr, wenn man sagt, daß in der Geschichte der mörderischen Leidenschaften die körperliche Begierde oft nur wenig ausmacht. Im allgemeinen könnte derjenige, der eine Frau liebt, sich mit Geld viel schönere Frauen verschaffen als diejenige, die er liebt; aber der Stolz und die übrigen Leidenschaften, die vom Verstand und von den Vorurteilen abhängen, haben oft viel mehr Macht als die Begierde. Darüber läßt sich streiten. Und in diesem Sinne kann man sagen, daß Balzac wahrer ist als Zola.

23. März 1908

## *Tolstoj*

Ich stelle Tolstoj sehr hoch; er ist wie ein Leuchtturm, der das Meer erhellt. Aber, was ich gleich anmerken muß, ich bin ganz und gar nicht ergriffen von dem, was man gemeinhin seine Ideen nennt. Sie sind sehr einfach und ziemlich einleuchtend. Ich möchte fast sagen zu einfach, zu einleuchtend. Überall, wo Menschen sind, gibt es Ungerechtigkeiten; es ist nicht schwer, sie zu sehen, zu ihren Ursachen vorzudringen und zu sagen, daß alles gut wäre, wenn alle Menschen nach der Vernunft lebten, statt ihren Leidenschaften zu folgen. Die Schwierigkeit liegt darin, irgendeine Mischung zu finden, die mit Hilfe einer gewissen Verkettung der Laster ein wenig Tugend hervorbringt; aber gerade darum kümmert sich Tolstoj nicht. Deshalb kann man sagen, daß sein erneuertes Evangelium auf dieser Erde nicht viel ändern wird. Denn alle kennen die Vollkommenheit; jeder kann sich ein menschliches Leben ausdenken, das niemandem schaden würde; jeder kann ein Utopia entwerfen. Aber man lebt nicht in Utopia; die Schwierigkeit liegt nicht darin, die Vollkommenheit in der Idee zu definieren, sondern die Unvollkommenheit in der Tat zu beschränken. Um damit abzuschließen, lassen Sie uns eines feststellen, daß nämlich die Weisen alt sind; Weisheit kommt nach den Leidenschaften wie die berühmten Carabinieri, die bekanntlich immer zu spät kommen.

Die wahren Ideen Tolstojs finde ich nicht in seiner Philosophie, sondern in seinen Romanen, und zwar gerade in den Romanen, in die er keine Ideen hat legen wollen. Gewiß, *Auferstehung* ist ein schönes Werk, das aber noch ein wenig zu sehr einer Moralpredigt ähnelt. *Krieg und Frieden, Anna Karenina*, das sind reine Meisterwerke. Es sind Bücher, die nichts beweisen. Es sind wahre Gemälde ohne geschwätzige Psychologie. Nichts wird erklärt, und man begreift alles; ja man tut etwas viel Besseres als begreifen, man sieht. Es ist, als lebte man mit all diesen Menschen, ohne gesehen zu werden. Der eine tritt ein, der andere geht; man wird ihn gleich wiedersehen. Prüfen Sie, was sie sagen; es ist nicht bemerkenswert; es ist ganz gewöhnlich; sie sind nicht logischer als Sie und ich; was sie tun und was sie sagen, ist also das, was man erwartete. Man kann sie fast anfassen, so lebendig sind sie. Suchen Sie nun den roten Faden; da ist kein Faden. Sie werden weder Exposition noch Peripetie noch Lösung des Knotens finden; das verknotet und löst sich wieder genau wie im Leben. Am Ende des Buches trennt man sich von ihnen allen mit Bedauern. Wenn ich Tolstoj lese, lache ich über diese russischen Schriftsteller, die sich alle Mühe geben, recht russisch zu sein, uns die russische Seele zu malen, und die an alles Kaviar tun. Die Helden Tolstojs sind auf der Stelle unsere Freunde; sie gefallen uns, ohne daß sie uns zu gefallen suchten, und oft ohne sich zu offenbaren. Was verbirgt sich in dieser herrischen, lebhaften, heftigen Anna? Was liegt auf dem Grund ihrer dunklen Augen? Sie stirbt, ohne ihr Geheimnis preiszugeben. Es gibt eine andere Wahrheit als die der Ideen.

28. September 1908

## *Spinoza lesen*

Dies ist die rechte Zeit, Spinoza zu lesen; denn der graue Himmel erdrückt die Erde, und der Frühling ist noch ein wenig zu fern, als daß man auf ihn hoffen könnte. Wenn man die Muße hat, ist es das Weiseste zu begreifen, was ist, und Besseres zu erwarten.

Da ich nicht weiß, welcher Zeitungsbericht mich an die Stürme der Leidenschaften denken ließ, habe ich wieder einmal eine Definition gelesen, die dem Anschein nach recht einfach ist und die doch so manches erklärt. »Liebe ist eine Freude, begleitet von der Idee einer äußeren Ursache«; so spricht der Philosoph; und diese Worte wecken nichts, wenn man zügig liest. Aber versuchen Sie einmal, recht zu verstehen, was er uns sagen will. Die Liebe, die wir empfinden, kommt von uns selbst; sie ist Freude, bevor sie Liebe ist; gehen wir noch weiter: sie ist Wohlbefinden, bevor sie Freude ist. Liebe ist nur der Name, den man der Gesundheit gibt. Und zweifellos machen wir uns mehr als einen Vers darauf; wir finden Gründe, die bewirken, daß der geliebte Gegenstand uns noch liebenswerter erscheint; wir schmücken ihn mit unserer eigenen Freude, und wir glauben, daß sie uns von ihm her kommt. Der geliebte Gegenstand ist also eher ein Vorwand als eine Ursache. Nicht weil man ihn liebt, ist man glücklich; man liebt vielmehr, weil man glücklich ist. So erklären sich die Illusionen der Liebe; und nur für den Zuschauer sind es Illusionen; für den, der liebt, ist das Glück ganz wirklich.

Kurz, wir begreifen niemals recht das Glück des anderen, weil wir es durch den Vorwand erklären wollen, den er sich liefert. Sie sagen: Die Bridgespieler dort müssen sich sehr langweilen; Sie sagen es, weil Sie suchen, was an Amüsantem in diesem Kartenspiel liegen könnte. Aber auch deren Vergnügen kommt nicht von den Karten, sondern aus ihnen selbst. Das Spiel ist immer nur eine Art, seine eigene Gesundheit zu genießen. Rousseau komplizierte sein Glück nicht so sehr, als er auf der Insel Saint-Pierre war; er legte sich in sein Boot und ließ sich treiben; er genoß seine Freude ganz rein; aber das ist eine schwierige Kunst; sagen wir es schlichter: das beweist, daß in diesem Augenblick seines Lebens lange Ruhepausen seiner Gesundheit sehr zuträglich waren. Als er jünger war, liebte er lange Wanderungen und warf Steine in die Abgründe. Im ganzen gesehen kommt unsere Freude aus tausend kleinen Ursachen; aber wir möchten wenigstens eine von ihnen benennen.

Nach all dem ist es unausweichlich, daß Müdigkeit, die sich stets in Traurigkeit kleidet, die Liebe trübt. Und auch in diesem Fall findet man tausend Gründe, die der Liebe entgegenstehen; man beweist sich, daß man unglücklich ist durch die Schuld eines anderen. Große Ungerechtigkeit, denn der andere kann nichts dazu. Man muß sich also hüten, geschwollen daherzureden, und auf die Rückkehr der Freude warten, denn alles vollzieht sich in Rhythmen; man muß vielmehr seinen Verstand darin üben, das Übel zu ergründen, statt wohlgeformte Verwünschungen zu deklamieren. Versuchen Sie es einmal an einem dieser Regentage mit meiner Pille aus Brotkrumen.

18. Januar 1909

## *Kinderzeichnungen*

Jede Kunst verkommt alsbald zur Manier, wenn sie nicht zu den Quellen zurückkehrt. Und die Quelle des Schönen ist doppelt; es bedarf eines Dinges, und es bedarf eines Menschen. Wenn ein Mensch aus bloßem Spiel eine Blume oder einen Zweig oder einen Vogel oder irgend etwas anderes mit einem Bleistift- oder Pinselstrich erfaßt, ist es immer lebendig; ist es manchmal schön. Warum es schön ist, wenn es schön ist, weiß man nicht. Ich möchte glauben, daß es eine Regung gesunder, freier, entschlossener, beherzter Freude ist, die das Schöne hervorbringt; man könnte auch sagen, daß es die Freundschaft zwischen einem Menschen und einem Ding ist, die das Schöne hervorbringt. Das Wesentliche dabei ist eine unbefangene Wahrnehmung eines natürlichen Gegenstandes.

Alles, was angelernt ist, alles was man nach der Wahrnehmung eines anderen kopiert, ist jämmerlich. Das ist zurechtgemacht wie in schönen Reden, das wirkt wie Schminke, das ist Bänderpracht, um anderen zu gefallen, nicht sich selbst. So gelangt man von der Kopie der Kopie bis zu diesen armseligen Blumensträußen, die sich auf unseren Tapeten in Diagonalen wiederholen: konzentrische Linien, symmetrische Linien, Blumen von rechts, Blumen von links, Ranken, die nie etwas ergriffen haben, Bänder, die nichts binden. Gemeinplätze der Zeichnung.

Ich hing diesen Überlegungen nach, zu denen mich eine weinrote geblümte Tapete geführt hatte, als ich einem ideenreichen Mann begegnete, der möchte, daß man die naiven Zeichnungen der Kinder respektiert. Er nahm mich zu sich mit und zeigte mir eine wunderbare Sammlung; es waren Originale ohne Retuschen, gezeichnet von kleinen Künstlern von neun bis elf Jahren, Jungen ländlicher Schulen, die keine Ahnung von Stilrichtungen und die weder die Venus von Milo noch die Mona Lisa gesehen haben, sondern nur Felder, Tiere, Menschen und den Himmel darüber. Es sind Zeichnungen nach freier Phantasie wie »Die Landung eines Ballons«; oder Zeichnungen, die ich Stimmungsbilder nennen möchte, wie »Der Frühling«, »Der Herbst«. Das ist roh, das ist ungeschickt, das ist überladen mit Details und Personen; aber das ist unverfälscht, das ist reich, das ist kraftvoll wie die naivsten Szenen Shakespeares; alles ist darauf zusammengepfercht wie auf Bildern von Primitiven. Diese kleinen Wilden beginnen die Geschichte von neuem.

Aber am schönsten ist es, wenn sie Ornamente komponieren aus einer Blüte oder einem Schmetterling. Sie spielen dann mit Formen und Farben; und das ist so schön, daß es die Erwachsenen beschämt. Natürlich hat er mir das Beste gezeigt, was er hatte. Das übertrifft alles, was Sie sich vorstellen können. Der Umriß ist mit einem einzigen Strich gezogen. Durch welche Harmonie von Blick und Geste? Ich weiß es nicht. Die Farben laufen in breiten Pinselstrichen aus. Durch welches Mitgehen ihrer jungen Augen? Ich weiß es nicht. Aber es ist unmöglich, sie anders zu wollen, als sie sind. Das steht fest. Es ist so, wie sie gesehen haben. Einer vor allem hat sich für immer in mein Gedächtnis eingeprägt. Er hatte auf länglichem Format wiederholt denselben gelb-braunen Schmetterling gezeichnet. Plötzlich hat er – ob er den Himmel dahinter gesehen oder ob sein Auge dem Gesetz der Komplementärfarben gehorcht hat – einen doppelten breiten Streifen kräftigen Blaus gezogen. Und das ist so, als hätte er mit einem einzigen Pinselstrich seine ganze Freude aufs Papier gegossen.

14. Juli 1909

## *Ein Hahn ist ein Hahn*

Ein Hahn auf dem Hühnerhof ist eine reiche Quelle von Bildern. Die Alten sagten, das Krähen des Hahnes jage dem Löwen Angst ein; diese Sage muß ihnen aus Numidien überliefert worden sein, mitgebracht von Löwenjägern; wenn der Hahn kräht, verzieht sich der Löwe; allerdings ist es das Tageslicht, das bewirkt, daß der Löwe sich verzieht. Ich brauche nur diesen Irrtum zu korrigieren, um an Bilder zu denken, die mich ergreifen und die alle Menschen ergreifen; wenn die Nacht dahingeht, schwindet die Angst; der Schrei des Hahnes befreit uns. Der Totentanz, der nur unsere Angst ist, die ihren Tanz um uns aufführt, endet mit dem ersten Hahnenschrei. So wird das, was zunächst nur eine phantastische Gegenüberstellung von Hahn und Löwe war, menschlicher und ergreifender, je mehr ich darüber nachdenke; und die wahre Beziehung rührt mich viel mehr als das zufällige Zusammentreffen. Der Redner beschwört ein Bild durch das andere. Aber der Dichter ergreift die wahre Beziehung.

Wer bei Morgenanbruch sein Fenster zu den Feldern hin öffnet, ist durch den Schlaf darauf vorbereitet, alle Dinge exakt zu erfassen. Denn am Abend bewahren die Augen, die Ohren und der ganze Körper tausend Eindrücke; der Sonnenuntergang schreibt sich in ein Auge ein, das den Tagesablauf in sich aufgenommen hat. Am Abend ist alles mehr ich selbst; am Morgen ist alles wahrer. Ergreifen Sie dieses Licht, das noch kein Erinnern kennt und das nur sich selbst ausdrückt. Folgen Sie mit ihm diesen grellen Schreien, die von gleicher Art sind wie das gereinigte Licht und die hier und da aufschießen wie Strahlen. Jedes Ding wird dann an seinem Platz gedacht; wahrnehmen heißt beginnen. In diesem kurzen Augenblick kostet man die eigentliche Würze des Lebens. Der Rhetor spürt diese Dinge verworren und stürzt sich in Vergleiche. Der echte Dichter, scheint mir, denkt über die Sache selbst nach; er verknüpft, statt zu vergleichen; bis er, wenn er vermag, genau sagt: der Morgen und der Hahnenschrei, das ist der Morgen und der Hahnenschrei. Nicht ganz ohne Literatur, denn sonst wäre er Gott; aber indem er seine Worte der Sache anpaßt, was Sinn und Klang angeht. So hat Victor Hugo Sache und Zeitpunkt ergriffen und festgehalten, und zwar mehr als einmal, aber nicht immer. Fast immer spüre ich, daß er durch Vergleiche und Entgegensetzungen an ihnen arbeitet; deshalb möchte ich ihm gern folgen. Aber ich hasse Rhetorik, die sich um sich selbst dreht.

Da steht ein Hahn vor mir. Ich sehe ihn jetzt aus der Nähe mit seinen Farben, seiner Gestalt, seinem Gang. Ich vergleiche ihn mit einem Prahlhans, einem Verliebten, einem Pascha; aber das ist nur der Schatten einer Wahrheit. Ein Hahn ist ein Hahn. Wollen, daß etwas etwas anderes sei, dem es ähnelt, ist Rhetorik. Ich muß den Zorn und die Liebe in diesem von Blut aufgeblähten Kamm sehen; ich muß aus diesem heiseren und erstickten Schrei eine Kraft heraushören, die in sich selbst verknotet ist, eine Krise der Leidenschaft, ein Lebendiges ohne Ideen, tausend andere wahre Beziehungen, die der Hahn dort zum Ausdruck bringt, der im

Stroh kratzt. Seine ganze Ausdruckskraft kommt daher, daß er er selbst ist. Alle Poesie ist Wahrheit.

3. März 1910

## *Die innere Regierung*

Platon hat Wunderbares über die Regierung seiner selbst gesagt, indem er aufweist, daß die innere Regierung aristokratisch sein, das heißt, daß das Bessere über das Schlechtere herrschen muß. Unter dem Besseren versteht er das, was in jedem von uns Wissen und Verstehen ist. Das Volk in uns, das sind die Zornesausbrüche, die Begierden und die Bedürfnissse. Ich sähe gern, daß man Platons *Staat* liest, nicht um darüber zu sprechen, das heißt, um darin das wiederzufinden, was man gemeinhin davon sagt, sondern um die Kunst zu lernen, sich selbst zu regieren und Gerechtigkeit im Innern seiner selbst zu schaffen.

Sein Leitgedanke ist, daß ein Mensch, sobald er sich selbst gut regiert, sich gut und nützlich für andere erweist, ohne auch nur daran denken zu müssen. Das ist die leitende Idee jeder Moral; alles andere ist nur Barbarenpolizei. Wenn Sie die Menschen nur durch Furcht friedlich und hilfsbereit gemacht haben, dann errichten Sie wohl eine Art Ordnung im Staat; in jedem von ihnen aber ist nichts als Anarchie; ein Tyrann setzt sich an die Stelle eines anderen; die Furcht hält die Begierde hinter Schloß und Riegel. Im Inneren gären alle Übel; die äußere Ordnung ist ungesichert. Sobald Aufstand, Krieg oder Erdbeben kommen, erbrechen die Gefängnisse ihre Gefangenen, genauso tun sich in uns die Gefängnisse auf, und ungeheuerliche Begierden bemächtigen sich der Zitadelle.

Deshalb halte ich jene Morallehren, die sich auf Berechnung und Vorsicht gründen, für armselig, um nicht mehr zu sagen. Liebe deinen Nächsten, wenn du geliebt werden willst. Liebe deinesgleichen, damit sie dich wiederlieben. Achte deine Eltern, wenn du willst, daß deine Kinder dich achten. Das ist nichts als Ordnungspolizei. Jeder erwartet dann stets die passende Gelegenheit, die Gelegenheit, ungestraft ungerecht zu sein.

Ich würde zu den jungen Löwen ganz anders sprechen, sobald sie beginnen, ihre Krallen an den Handbüchern der Moral, den Katechismen, allen Bräuchen und allen Gitterstäben zu wetzen. Ich würde ihnen sagen: Habt vor nichts Angst, tut, was ihr wollt. Nehmt keine Sklaverei hin, weder eine Kette aus Gold noch eine Kette aus Blumen. Nur, meine Freunde, seid Könige in euch selbst. Dankt nicht ab. Seid Herr über eure Begierden und euren Zorn ebenso wie über eure Angst. Übt euch darin, euren Zorn zurückzurufen, wie ein Schäfer seinen Hund zurückruft. Seid Könige über eure Begierden. Wenn ihr Angst habt, geht gelassen auf das zu, was euch Angst einjagt. Wenn ihr faul seid, nehmt euch eine Aufgabe vor. Wenn ihr träge seid, übt euch im Sport. Wenn ihr ungeduldig seid, entwirrt einen Knäuel. Wenn das Ragout angebrannt ist, leistet euch den königlichen Luxus, es mit gutem Appetit zu verzehren. Wenn euch Traurigkeit befällt, verordnet euch Freude in euch selbst. Wenn euch Schlaflosigkeit aufschnellen läßt wie einen Karpfen auf dem Trockenen, übt euch darin, unbeweglich liegenzubleiben und auf Befehl einzuschlafen. Danach, meine lieben Freunde, da ihr nun Könige über euch seid, handelt königlich und tut, was euch recht scheint.

4. April 1910

## *Victor Hugo und Stendhal*

Hugo mochte Stendhal nicht; er bestritt ihm den Stil. Ich mag sie beide, aber ich gestehe, daß Hugo für mich fast immer zu weitschweifig ist. Ich lese ihn eilig und überspringe gar manche Stellen. Ich sehe zu schnell, worauf er hinauswill; fast immer entwickelt er eine allgemeine, aber erregende Idee: Gerechtigkeit, Nächstenliebe, Rechtschaffenheit, Mut, Brüderlichkeit; er entwickelt sie, ohne sie zu erklären; er fügt nie etwas hinzu, er bewegt uns lediglich; in seinen Strophen liegt Bewegung; er geht und geht. Er hat ein Gedicht geschrieben, in dem er nur sagt: »Ich gehe, ich gehe und ich werde gehen«, ohne daß man wüßte wohin; es ist eines seiner schönsten Gedichte. Ich folge ihm, wie man dem Regiment folgt; aber manchmal geschieht es mir auch, daß ich an der rechten Stelle auf ihn warte. Vielleicht ist es nötig, daß man ihn sich vorlesen läßt, denn dann wird die Einbildungskraft frei, ohne daß der Rhythmus gebrochen wird; und wenn man zu mehreren zuhört, dann bringen dieser Einklang und diese Unterschiede wunderbare Wirkungen hervor. Er ist ein Redner. Ich glaube, daß die Dichter ihren Ruhm wiedergewinnen würden, wenn sie, statt sich drucken zu lassen, sich vortragen ließen. Der Rhythmus teilt die Zeit ein, das setzt ein geregeltes Tempo voraus, dem sich das Auge, das liest, nicht unterwirft. Vielleicht verkauft man später einmal bei Lemerre Schallplatten; dann sind die Dichter unsichtbar und nur Sprecher.

Die Rhetorik besaß ihre Regeln, die aus der Natur der Dinge selbst abgeleitet waren; denn da der Zuhörer niemals zurückgehen kann, waren Wiederholungen nützlicher und auf jeden Fall weniger spürbar; auch mußte alles klar sein; denn man ließ niemals Zeit zum Nachdenken; die Rede wartet nie auf den Zuhörer; sie zeigt die Zeit an wie eine Uhr. Wohingegen das Auge beim Lesen vor- und zurückgeht, das Ganze erfaßt, vorausahnt, dann prüft, wenn die Sache der Mühe wert ist; wie ein Spaziergänger die Augen schweifen, aber nicht auf allem betrachtend ruhen läßt, unterwirft sich das lesende Auge weder einem bestimmten Tempo noch dem Zeitablauf. Diese andere Art der Lektüre fordert eine ganz andere Kunst als die der Beredsamkeit. Und man würde Stendhal nicht schlecht definieren, wenn man sagte, daß ihm Rhetorik ganz fremd ist. Das ist ein Autor, den man immer wieder lesen muß, denn er wiederholt nicht und entwickelt nicht; das ist wie eine ferne Landschaft; je näher man ihr kommt, desto mehr entdeckt man; auch hat er keinen Rhythmus; er reißt uns nicht mit, er will nicht mitreißen; das verstieße gegen seine Kunst. Woraus ich entnehme, daß Hugo, der Rhetor, nichts von ihr verstanden hat. Balzac steht zwischen beiden; das ist zwar noch Beredsamkeit, aber für das Auge. Auch ihn muß man immer wieder lesen; aber dann wird er uns plötzlich klar durch Verkürzungen; obgleich er langatmig und zuweilen verschwommen ist, schenkt er der Erinnerung Bilder von bewundernswerter Schärfe. Bei Stendhal ist es ganz anders; eine bestimmte Beschreibung der *Kartause von Parma* oder eine bestimmte Episode wimmelt von Einzelheiten, wenn ich daran denke; wenn ich sie wieder lese, finde ich eine halbe Seite und oft nur zwei Zeilen. Der Leser ist nicht eingestellt auf diese Kunst ohne Beredsamkeit; er hat sich an die Prediger gewöhnt; Weitschweifigkeiten sind für ihn Höflichkeiten, und Stendhal erscheint ihm nicht so sehr dunkel, wie er tatsächlich ist, sondern eher unverschämt. Debatte zwischen Auge und Ohr.

26. August 1911

## »Die neue Heloïse«

*Die neue Heloïse* ist einer der schönsten Romane. Lesen Sie ihn, wenn Sie Position beziehen wollen in diesem Streit, der um Rousseau entbrannt ist. Ohne das würde man Ihnen mit wenigen Worten sagen, daß es das allzu verführerische Gemälde der Liebe eines verführten Mädchens ist, aber Resümees sind perfide. Dieses Buch leistet viel mehr als das Lob der Tugend; es zeigt sie, wie sie überlebt inmitten von Freuden und Leiden; nicht abstrakte Vernunft, sondern Vernunft, die an die Erde geknüpft ist. Etwas Mannhaftes in Julie wie in Saint-Preux; trotz allem Kraft des Geistes. Es sind wahre Liebesbriefe, in denen die Liebe tausend Gedanken weckt. Man kann dieses vernünftige Gerede übel aufnehmen und sich lustig machen über diese Liebende, die moralisiert. Faßt man es anders auf, ist es unschuldig, aufrichtig und kraftvoll; ebensoweit entfernt von der Verderbtheit wie von der Koketterie. Ohne Rausch, ohne Kinderei, ohne Entwürdigung. Die Natur ist stark; die Liebe triumphiert; aber die Pflichten bleiben. Es liegen alle Freundschaft und alle nur mögliche Achtung in dieser ungestümen Liebe. Das andere System, das sich hinter dem Zeremoniell verbirgt, vergaß zu sehr das Tierhafte. Auf das große Jahrhundert folgte die Regentschaft Philipps von Orléans und ein unerträglicher Zynismus. Die Formel der menschlichen Liebe war also noch nicht gefunden. Daher begreife ich den außergewöhnlichen Erfolg der *Julie*. Die mütterliche Liebe konnte also die Folge ehelicher Liebe sein und brauchte deswegen nicht zu erröten. Aus der Begierde wurde Gefühl; die Natur nahm einen Sinn an für menschliche Augen. Denn in dieser robusten Philosophie ist alles miteinander verbunden. Die Frau und das Kind finden darin ihren Adel. Und wenn Sie darüber staunen, daß *Emile* das Werk eines schlechten Vaters und daß *Julie* von dem Liebhaber der Thérèse Le Vasseur geschrieben ist, dann begreifen Sie nicht, wie sich das Menschsein wieder in die Gewalt bekommt, sich eine Bestimmung gibt und sich rettet. Rousseau hat seine Fehler nicht einfach hingenommen.

Der Roman führt nicht zur Ehe; und vielleicht kann man nur unglückliche Liebe darstellen. Jedenfalls opfert sich Julie; die gesellschaftlichen Bindungen sind stärker. Die Liebe muß sich in Freundschaft verwandeln und der Liebende in den Hauslehrer. Vernunft kann also das Gefühl verwandeln? Ein Fehler ist also reparabel? Wie denn? Durch die Kraft der Familie; durch die Weisheit Wolmars, der nicht will, daß die Leidenschaft in Haß umschlägt oder in Verzweiflung. Die häuslichen Pflichten, die Erziehung der Kinder, die Jahreszeiten, die über diesen schönen See hingehen, all das läßt die Tugend Julies reifen. Nicht ohne Nachtrauern, aber sie alle werden gehalten durch eine lebenskräftige Vernunft, die alles wieder in Ordnung bringt, sichert, in feste Regeln bindet. Utopie; aber diese Utopie ist ganz pflichtbewußt. Niemand ist vor seinen Begierden und Leidenschaften sicher; aber man muß sie lenken, verhalten, muß die menschliche Ordnung wollen.

Julie stirbt. Man wird sagen, daß Rousseau sie nicht

anders retten konnte. Aber wenn ich der Bewegung dieser schönen Dichtung folge, glaube ich eher, daß dieser unerwartete und ganz zufällige Schicksalsschlag da ist, um durch das Eintreten dieses irreparablen Unglücks alles Unglück der Einbildungskraft zu mindern. Doch schauen Sie sich den schönen See an; er wird Ihnen alles übrige sagen.

25. Juni 1912

# *Kant*

Man wird einmal begreifen, was Glaube ist, und das wird die theologischen Streitigkeiten beenden. Die Arbeiten des berühmten Kant erhellen den Weg; aber seine Werke schrecken den Leser ab, und das nicht ohne Grund. Und die, die ihn lesen, sei es von Berufs wegen oder aus Neigung, denken eher daran, ihn zu widerlegen, als ihn zu verstehen, um sich durch irgendeinen kleinen Sieg für ihre Mühe zu belohnen.

Nach meiner Ansicht ist sein Leitgedanke folgender. Es gibt zwei Bereiche von Dingen, diejenigen, die sind, und diejenigen, die sein werden, weil man sie will. Das Symbol der Dinge, die sind, ist der gestirnte Himmel über uns; und was ist, kann man nicht erfinden; man muß es feststellen; man muß sich fügen, statt zu wollen; sich selbst in Frage stellen, statt die riesige Welt in Frage zu stellen. Zum Beispiel nicht kindlich diskutieren über die Realität der äußeren Dinge; denn es gibt nichts Wirkliches außer ihnen. Darin Fuß fassen; es genau beschreiben und vermessen; sich der Ideen bedienen, um die Erfahrung zu ordnen, und nicht, um sie zu ersetzen. Nicht fragen, ob Gott existiert, was darauf hinausläuft, sich zu fragen, ob die Welt gut oder böse ist; sie ist weder gut noch böse; sie existiert. Folglich darf man hier nicht glauben, sondern man muß wissen. Der Notwendigkeit ins Auge sehen ohne Hoffnung noch Verzweiflung, ohne kleine oder große Lüge, das ist die theoretische Weisheit. Wer sagt, daß es *die* Gerechtigkeit gibt, ist ein Lügner oder eher noch ein

Schwachkopf, der zu glauben versucht, wo es sich doch nur darum handelt zu erkennen.

Gerechtigkeit existiert nicht; Gerechtigkeit gehört in den Bereich der Dinge, die man schaffen muß, eben weil sie nicht sind. Gerechtigkeit wird sein, wenn man sie schafft. Das ist das Problem der Menschheit.

Stellen Sie hierauf weder Ihr Mikroskop noch Ihr Teleskop ein. Sie werden die Gerechtigkeit nicht entdecken; sie existiert nicht; sie wird existieren, wenn Sie sie wollen. Worauf der Mensch, der nur festzustellen und zu betrachten weiß, antwortet: »Ich wünschte sie mir; aber wie kann sie denn jemals sein, wenn sie nicht schon ist? Diese Welt läßt nur erscheinen, was sie bereits enthält; darum suche ich die Gerechtigkeit, statt sie zu wollen.« Aber das heißt die Bereiche verwechseln. Ich weiß nicht, ob es Gerechtigkeit geben wird; denn was noch nicht ist, ist nicht Gegenstand des Wissens; aber ich muß sie wollen, das ist meine Aufgabe als Mensch. Und wie soll man wollen, ohne zu glauben? Das wäre nur ein Scheinwollen, wenn man sich im Grunde sagt: »Mein Wille wird daran nichts ändern.« Wahrhaftig, wenn Sie *so* wollen, dann haben Sie gewonnen: Gerechtigkeit wird es nicht geben. Ich muß glauben, daß es sie geben wird. Das ist das Thema der Religion, frei von allen theologischen Wolkengebilden.

Man sieht, daß die Menschen sich nicht ganz getäuscht haben, als sie behaupteten, man müsse glauben, und daß das die höchste Pflicht des Menschen sei. Nur haben sie sich darauf verlegt, etwas zu glauben, was existiert, statt den eigentlichen Gegenstand des

Glaubens, nämlich das, was nicht ist, was aber sein müßte und was durch den Willen sein wird. So daß schließlich glauben soviel heißt wie: an seinen eigenen Willen glauben. Was auch Auguste Comte auf seine Weise ausdrückte, als er sagte, es gebe nur einen Gott, die Menschheit, und nur eine Vorsehung, den vernünftigen Willen der Menschen. Barrès wird hinsichtlich der Kirchen nicht das rechte Wort finden, weil er nicht glaubt.

2. Dezember 1912

## *Die Psychologen*

Unsere Epoche wird in der Geschichte der Ideen einmal die der Psychologen sein. Und die Psychologie, so sagt es jedes Nachschlagewerk, und jedermann weiß es, besteht darin, sich selbst zu beobachten. Unsere Gymnasiasten üben sich darin, sobald sie achtzehn Jahre alt sind; in der Tat langweilt sie das ziemlich, und lieber mögen sie gesicherte Überlegungen wie etwa die über Mechanik. Aber die Romane führen sie auf diese Pfade der Träumerei, der Trägheit und der Selbstgefälligkeit. Alle Romane sind psychologisch; und die besten sind traurig. Nicht traurig durch die Geschehnisse; sondern durch dieses Geschwätz über sich selbst: »Liebe ich wirklich? Hasse ich? Bin ich traurig oder fröhlich?« Der eingebildete Kranke entdeckt immer ein kleines Übel, das er durch Aufmerksamkeit vergrößert. Aber wir haben eingebildete Unglückliche, denen es noch besser gelingt, in Melancholie zu versinken. Warum? Weil unser Denken nicht ist, und weil es sich darum handelt, es hervorzubringen. Wenn man es laufen läßt, ist es kein Denken mehr, ist es Phantasie, ist es Verrücktheit. Kurz, sobald man über sich selbst nachsinnt, ist es Dummheit, die man zu Gesicht bekommt, Versklavung. Deshalb läßt sich über nichts in unserem Denken ohne Traurigkeit nachsinnen, nicht einmal über das Glück.

Ich denke, und ich schaue mir beim Denken zu, wie ich einen Gegenstand betrachten würde. Hübsche Methode, um zu denken! Die Gedanken verketten sich dann gemäß der Assoziation, wie man sagt: ich wandle von Traum zu Traum; das ist Unordnung, Tumult, Zusammenhanglosigkeit. Und das ganz natürlich; denn denken heißt wiedergutmachen, ordnen. Selbst wenn es darum geht, Dinge zu sehen, halte ich mich niemals an das, was sich mir darbietet; das sind keine hellen und dunklen Flecke aus allen möglichen Farben; das ist ein Weg, und das sind Bäume. Besser noch, wenn es sich darum handelt, über abwesende Gegenstände nachzudenken, zum Beispiel über das Planetensystem; dann gerät natürlich alles in Verwirrung; durch die Gedankenassoziation beginnt die ganze Mythologie zu tanzen; Bilder kehren wieder von alten Himmelskarten, auf denen man Männchen in den Sternen sieht. Jede Träumerei ist aus sich heraus absurd. Man muß denken; man muß jeden Planeten auf seiner Bahn halten; die Erinnerungen müssen sich gemäß der Wahrheit der Dinge ordnen; so definiert sich die Aufgabe des Denkens; es geht niemals darum zu beobachten, was im Denken ist, sondern das Denken gemäß dem zu ordnen, was in den Dingen ist; man darf also niemals Seelenzustände so nehmen, wie sie sind, man muß sie herstellen und immer wieder herstellen. Entweder handeln oder schlafen. Halbschlaf ist schlecht; das ist der erste Artikel der wirklichen Moral.

Ich nehme Herkules als das beste Beispiel des Denkers: das hat nichts Erzwungenes; das ist kein Paradox. Man muß Gegenstände denken, um irgendeine nützliche Veränderung in der Welt zu bewirken. Wer sein Nichtwissen oder seine Ohnmacht bedenkt, denkt schlecht und wird durch Traurigkeit bestraft. Aber die

Gemeinschaft zu bedenken, an der man teilhat, das ist ein wahrer Gedanke dieses Herkules, der die Ungeheuer tötet. Noch klarer ist das für die Leidenschaften. Die Traurigkeit bedenken heißt, sie überwinden; den Haß bedenken heißt, ihn überwinden; die Begierde bedenken heißt, sie überwinden. Wenn du deinen Spaten nimmst, mußt du den Garten graben. Wenn du deinen Gedanken als ein Werkzeug auffaßt, dann bring dich selbst in Ordnung, denke gut. Der Psychologe übt sich darin, schlecht zu denken; er ist ein Kind, das vor dem Spiegel Grimassen schneidet.

4. April 1913

## *Der Ameisenlöwe*

Ich habe das Loch des Ameisenlöwen beobachtet. Ich kannte ihn nur aus Büchern, und ich machte mir keine rechte Vorstellung von ihm; offen gestanden, ich glaubte nicht so recht daran. Aber jemand zeigte mir im trockenen Sand kleine Trichter, wie sie die Spitze eines Eies machen könnte. Eine Ameise, die in einen von ihnen gestoßen wird, verursacht zunächst einen kleinen Erdrutsch, der sie auf den Grund zieht; zuweilen wird sie sogleich um die Mitte des Körpers gepackt und allmählich in den Sand gezogen; aber meistens versucht sie wieder aufzusteigen, wobei sie immer kleine Sandlawinen auslöst, vor allem, wenn sie am Rand des Kraters ankommt, der einen sehr zerbrechlichen Grat bildet. Da schleudert dieser kleine Vulkan so etwas wie Sandausbrüche heraus, die vom Grund ausgehen, ohne daß man etwas bemerkte, was sie erklären könnte. Dieser Regen aus winzigen Kieseln fällt hier und dort in den Kessel und das eine oder andere Mal auch auf die Ameise, die fast immer wieder herunterfällt und schließlich einsackt; als wenn diese Kraft, die sie soeben bombardierte, sie jetzt unter die Erde zöge. Aber ich habe Fälle gesehen, wo der kleine Sandausbruch im Gegenteil die Ameise nach draußen schleuderte. Man sagt, aber ich habe es nicht gesehen, daß das Drama immer so endet; es kommt eine Zeit, wo die leere Hülle der Ameise heftig nach draußen geworfen wird zur gleichen Zeit, wie der Sand geschleudert wird und herunterfällt; und all diese Vorgänge tragen durch die Wirkung der Schwerkraft dazu bei, dem Trichter sein Gefälle und seine Form zu erhalten.

Wenn man dann im Sand buddelt, entdeckt man, jedoch nicht ohne Mühe, einer Art dicker Laus von der Farbe des Sandes, die die Größe einer Haselnuß haben mag, mit zwei ziemlich langen und kräftigen Fangarmen, die mit Saugrüsseln versehen sind, und einem sehr beweglichen Kopf. Das ist nach dem, was die Bücher sagen, die Larve einer Libelle, und die Verwandlung soll sich im Juni vollziehen.

Ich habe bei den Einzelheiten verweilt, die ich wahrnehmen konnte, weil diese Ameisenfalle oft dargestellt wird als eine wunderbare Maschine, um bei den Tieren eine bewundernswerte Industrie nachzuweisen. Der berühmte Fabre verfällt oft in den Fehler, den man eigentlich Mythologie nennen muß und der darin besteht, bewußten Willen und Plan anzunehmen, statt in dieser scheinbaren Anpassung von Mitteln an Zwecke die Wirkung eines Mechanismus zu entdecken, der auf gut Glück ausgeht, und einfachste Kräfte der Natur.

Daher möchte ich in dem vorliegenden Fall nicht sagen, daß diese Larve ihre Ameisenfalle mit der Idee baut, daß die Ameisen hineingehen. Die Prüfung dieser kleinen Krater läßt verstehen, daß sie sich durch die Schwerkraft bilden, sobald der Sand darunter weggezogen wird. Die Larve, die sich rückwärts bewegt, kann also einfach, indem sie den Sand abweist, mit dem Kopf einen Erdrutsch verursachen, dessen Form und endgültiges Gleichgewicht von der Schwerkraft und der Reibung der Sandkörner aneinander abhängen. So bekommt sie schließlich ein wenig Luft auf dem Grund des Trichters und bleibt doch verborgen. Wenn der Sand herunterfällt, stößt sie ihn mit seitlichen Bewegungen des Kopfes zurück, ohne daß es nötig wäre, ihr großartige Absichten zu unterstellen. Tatsache ist, daß, wenn sie so auf der Lauer liegt, es stets durch die Schwerkraft und das Beharrungsvermögen des Sandes geschieht, daß eine Beute, die ihr sonst entgehen würde, ihr geradewegs in die Fangarme fällt; doch nicht ohne vorher ein wenig Sand abgleiten zu lassen, dessen sich die Larve entledigt; und die Wirkung dieser Reaktion ist oft, nach Lage der Dinge, ihr ihre Beute zuzuführen. Ihre ganze Tätigkeit läuft also darauf hinaus, daß die Larve nur zu fressen braucht, was ihr in die Zangen fällt.

27. Mai 1913

## *Magie und Wort*

Magie entspringt dem Wort; freilich muß man mit dem Wort Gesten und Bewegungen des Gesichts verbinden, die dazu beitragen, es ausdrucksvoll zu machen. Man könnte auch sagen, daß Magie dem Ausdruck entspringt. Reden über Dinge haben nur Wert, wenn sie die Dinge gut beschreiben; aber Reden an Menschen und über Menschen bewirken, daß das, was sie behaupten, eintrifft; sie sind nicht lange falsch. Wenn ein Mensch zu einem anderen sagt: »Du haßt mich; ich weiß, daß du mich haßt«, dann stellt sich die Sache, auch wenn sie noch nicht wahr ist, bald ein. Man kann einen Menschen dazu verurteilen, ein Dummkopf zu sein, ganz einfach dadurch, daß man glaubt, daß er es ist, indem man zum Ausdruck bringt, daß er es ist. Spott hat das Furchtbare an sich, daß er diejenigen lächerlich macht, die man verspottet; ja wirklich lächerlich durch die Furcht vor der Lächerlichkeit. Man jagt Angst ein durch bloßen Ausdruck. Es gibt häusliche Tyrannen, seien sie männlich oder weiblich, die durch bloßen Ausdruck herrschen, durch die Art, wie sie befehlen, loben, tadeln. Es gibt eine sichtbare Verachtung auf gewissen Gesichtern, die einen beschämt oder wütend macht je nach Gelegenheit und nach unserer Natur.

Es ist bekannt, daß der größte Fehler, den man gegenüber einem Verrückten begehen kann, darin besteht, daß man ihm zeigt, daß man ihn für verrückt hält. Zweifellos verschlimmern sich die meisten Geisteskrankheiten durch die Meinung des Zuschauers. Denn das schlimmste Übel eines Verrückten ist, daß er sich für verrückt hält, will sagen isoliert, fremd, irre, was soviel heißt wie verirrt, anders als die anderen. Man stößt ihn zurück, und er zieht sich zurück.

Das ist nur ein ungewöhnlicher Fall im üblichen Spiel der Zuneigungen. Man verliebt sich, weil man sich geliebt glaubt; man wird intelligent, sobald die Intelligenz uns einen Wink gibt. Es gibt wirklich magische Kreise, seien sie gut oder böse, die die Menschen für immer einschließen.

In einer seiner Novellen beschreibt uns Kipling ein verwöhntes Kind, dem man den Beinamen kleiner dummer August gegeben hat und das, als es von den Eltern und seiner Amme einer gehässigen Tante übergeben wird, durch die Verwünschung wirklich boshaft wird. Rache ist eines dieser geheuchelten Gefühle, die sich in jedem entsprechend den Reden des anderen entwickeln; ein Schwur ruft wieder einen Schwur auf den Plan.

Ein Mädchen würde häßlich, wenn man ihm immer wieder sagte, es sei häßlich; denn Traurigkeit ist häßlich, und Ängstlichkeit ist linkisch; und die Falten bleiben. Das menschliche Gewächs gedeiht nur inmitten günstiger Meinungen. Und daher muß man sagen, daß mütterliche Liebe immer gut ist; sie gibt Kredit; sie hilft der Schönheit, der Intelligenz und noch mehr der Güte; sie löst und lenkt diese zarten Triebe, wie es sein muß. Das böse Auge läßt sie verdorren, wie es ein Frosthauch tut.

Krieg geht aus Reden hervor; in der *Ilias* und anderswo sind Beleidigungen die ersten Geschosse. Darum ist eine kriegerische Rede immer übles Tun. Dieses schreckliche Spiel der Reden, der Drohungen, der Herausforderungen würde sich zwischen Frankreich und Deutschland entwickeln, wenn die Völker nicht vernünftiger wären als die Könige. Ich fürchte Verwünschungen und Prophezeiungen. Die alten Magier täuschten sich nur darin, daß sie glaubten, mit ihren Reden auch auf die Dinge einwirken zu können. Unsere Aufgabe ist es, gute Magie zu lernen und die Wunder der Freundschaft zu üben.

19. August 1913

## *Vortragen und Unterrichten*

Ich kenne einen sehr gelehrten Mann von sicherem Urteil, der es nie über sich gebracht hat, einen Vortrag zu halten. Zweifellos gibt er einer zu beweglichen Einbildungskraft die Schuld und jener wunderlichen Ängstlichkeit, die alles, was man weiß, in dem Augenblick auslöscht, wo man es am nötigsten brauchte. Aber diese Wirkungen der Einbildungskraft sind selbst völlig imaginär. In der Tat geht, sobald man den ersten Satz begonnen hat, alles übrige von selbst; und man sieht ein, daß es nichts Normaleres gibt als einen Menschen, der eine Stunde lang sprechen kann, ohne viel nach Worten zu suchen und ohne die Erwartung der Zuhörer zu enttäuschen. Gleichwohl geht es um die Frage zu wissen, ob man durch dieses Mittel je einen Menschen hat unterrichten können. Ich glaube, daß wir die Gattungen vermischen und daß die Beredsamkeit nichts mit dem Unterricht gemein hat.

Beredsamkeit weckt das, was schon bekannt ist, was aber schlummerte, was ohne Kraft und durch die dürftige Konversation verschandelt war. Redner ist jemand, der Ihre eigene Idee weckt, und zwar so, daß das, was er sagt, genau das ist, was Sie hätten sagen wollen und nicht sagen konnten. Wie es hundert und tausend gibt, die so durch die Magie des Redners zu sich selbst erwachen, gibt es auch einen Austausch von Bekundungen durch den Beifall, durch die Regungen der Erwartung und der vollen Zufriedenheit und sogar durch das Schweigen. Diese Bekundungen gelten als

Beweis, aber auf eine gewisse Weise; eher Beweis der Wichtigkeit als Beweis der Wahrheit. Wenn mein Sozialismus oder mein Nationalismus oder mein Katholizismus sich durch Einsamkeit abschwächt, so will das nicht sagen, daß ich daran zweifle; es ist besser zu sagen, daß ich immer noch daran glaube und daß die Sache nur der Festigkeit entbehrt; ich finde diese starke Wahrscheinlichkeit nicht mehr wieder, die mir Sicherheit verleihen würde ohne jede weitere Prüfung, wie das ein Gegenstand tut. Der Redner bringt uns also keine Beweise, sondern eher das Blut, das Fleisch und die Bewegung, die allen Arten von Beweisen immer zu sehr fehlen. Durch seinen Ruf rüttelt er die Herde der niederen Kräfte wach und treibt sie zusammen, die beschäftigt ist mit Weiden. Der Redner ähnelt also ziemlich jenen Gymnastiklehrern, die den Körper nach dem Geist ausrichten.

Unterrichten hat eine andere Aufgabe, deren Wirkungen man noch kaum festgestellt hat. Und diejenigen, die sagen, daß unsere Lehrer die Erziehung zu sehr vernachlässigen, da sie nur das Unterrichten bedenken, irren sich ganz und gar. Denn in unserem Unterricht ist, im Gegenteil, alles Erziehung; ich möchte fast sagen, ist alles Ausbildung an der Waffe. Ich meine die eintönigen und unabänderlichen Schreie der Ausbilder, und ich sehe, wie die ein wenig linkischen Rekruten sich bemühen, ihre Körper nach diesem Schrei auszurichten. Ich kenne nur die lateinische Übersetzung oder eine andere Übung dieser Art, die den Schrei verstummen läßt angesichts einer Idee, die keine Waffe ist. Und einzig dieses Vermögen, eine Idee zu bedenken, ohne sie sogleich zu packen, hat genügt, um selbst die mittelmäßigen Geister über den bebenden Fanatismus zu erheben. Aber die Besten haben schließlich – durch längere Vertrautheit mit dieser schönen Form – in diesen fremden Gedanken ihren eigenen Körper wiedergefunden; auf diesem Umweg kehrt die Gymnastik zurück, und der Geist wird seiner selbst sicher. Das ungefähr ist es, was Denken ohne Schreien bedeutet. Das ist es zweifellos, was der ängstliche Mensch, von dem ich sprach, ahnte und vorzog, weil er ein klarer Kopf ist. Zu empfindlich gegen den Schrei der Menschen; zu empfindlich gegen seinen eigenen Schrei. Aber es gibt glücklicherweise mehr als einen Weg zum pythagoreischen Schweigen.

20. August 1921

## *Materialist und Idealist*

Im Zuge hört man seltsame Dinge. Ein Mann sagte zu einem anderen, indem er von einem abwesenden Dritten sprach: »Er ist Materialist, und gleichzeitig ist er Idealist. Wie das in seinem Kopf zusammengeht, weiß ich nicht; und dennoch ist es so.« Ich vermute, daß der Mann, der so sprach, von Beruf Pastor war; aber man darf nicht vergessen, daß Pastoren und Priester zu vielen Leuten sprechen und sich Gehör verschaffen. Übrigens findet man denselben Widerspruch, auf den der Reisende aufmerksam machte, bei vielen Proletariern wieder, die sich Materialisten nennen und die gleichzeitig Menschen von starkem Glauben sind. Liegt da ein Widerspruch vor?

Der Materialist ist überzeugt von der mechanischen Notwendigkeit; er glaubt fest, daß dieselben Ursachen immer dieselben Wirkungen hervorrufen; wovon es unzählige Beweise gibt für den, der mit Werkzeugen umgeht; und wenn er auch nur die geringsten Kenntnisse erwirbt, indem er über Hebel, Keil oder Rolle nachdenkt, erkennt er ein einfaches Gesetz von derselben Art wie diejenigen, die sich allen in den einfachsten Rechenaufgaben zeigen. In einer Addition muß der Geist sich selbst wiederfinden; er läßt absolut nicht als möglich zu, daß dieselben Zahlen, mehrmals addiert, unterschiedliche Summen ergeben. Auf dieselbe Weise und ohne große Mühe erkennt sich der Geist auch im Hebel. Denn, so sagt sich der Mann, ich bin sicher, daß ein Stock nicht arbeitet und daß ich daher im kurzen Hebelarm die Arbeit wiederfinden muß, die ich auf den langen verwende. Und da es offensichtlich dieselbe Arbeit ist, wenn ich sechs Eimer Wasser in die erste Etage trage und einen einzigen Eimer in die sechste Etage, begreife ich, warum dieser große Druck auf das Ende des kleinen Hebelarms, der sich nur wenig bewegt, dem schwachen Druck gleicht, den meine Hand ausübt, wenn sie einen viel größeren Weg durchläuft. Wenn er niederschreiben kann, daß das Produkt aus Kraft und Abstand von der Drehachse an beiden Enden des Hebels dasselbe ist, und wenn er sich vergewissert, daß Maschinen unterschiedlichster Form und Zusammensetzung alle ohne Ausnahme dieses einfache und elegante Gesetz bestätigen, dann triumphiert er als neuer Archimedes und vermutet, daß alle Veränderungen in dieser Welt sich nach Gesetzen dieser Art vollziehen, die es zu entdecken gilt. Das heißt kühn entscheiden, daß das, was unsere Vernunft befriedigt, gleichzeitig das Gesetz der Dinge ist. So folgt er denn Pythagoras und Platon, obgleich er sich nicht um sie kümmert.

So ist er Idealist in der Theorie und ist es natürlich auch in der Praxis. »Wenn ich dieses große Vermögen besitze zu begreifen, was ist, wie könnte ich es dann nicht darauf anwenden zu steuern, was sein wird? Unbeugsame Ideen regieren bereits die Welt der Dinge; sie müssen auch die Welt der Menschen regieren. Wenn ich sehe, daß die Arbeitstage von den Müßiggängern verschlungen werden, kann ich mich damit wohl abfinden, indem ich mich zum Schmeichler der Reichen mache wie so viele andere; aber mein Geist kann sich nicht damit abfinden; er erkennt sich darin nicht wieder: er begreift nichts. Von nun an muß mein Tun sich nach dem edelsten Teil meiner selbst ausrichten.« So würde der Reformator meditieren, wenn er sich die Zeit nähme, über seine eigenen Ideen nachzudenken. Aber er geht mit ihnen um wie mit Werkzeugen und sucht das Wahre jedes Dinges und das Richtige jeder Handlung. So drehte sich die Winde, längst bevor die Theorie des Hebels bekannt war.

22. Oktober 1921

## *Höflichkeit*

Höflichkeit lernt man, wie man tanzen lernt. Wer nicht tanzen kann, glaubt, die Schwierigkeit läge darin, die Regeln des Tanzes zu kennen und ihnen die eigenen Bewegungen anzupassen; aber das ist nur das Äußere der Sache; man muß es dazu bringen, daß man ohne Steifheit tanzt, ohne Unruhe und folglich ohne Angst. Ebenso ist wenig damit getan, daß man die Regeln der Höflichkeit kennt; und selbst wenn man sie befolgt, befindet man sich erst auf der Schwelle zur Höflichkeit. Die Bewegungen müssen präzise, geschmeidig, ohne Steifheit noch Zittern sein; denn das geringste Zittern überträgt sich. Und was wäre das wohl, eine Höflichkeit, die beunruhigt?

Ich habe oft in der Stimme einen Ton festgestellt, der an sich bereits unhöflich ist; ein Gesangslehrer würde sagen, die Kehle sei zugeschnürt, und die Schultern seien nicht genügend gelockert. Sogar die Haltung der Schultern kann einen höflichen Akt unhöflich machen. Zu viel Erregtheit; gesuchte Selbstsicherheit; geballte Kraft. Die Fechtmeister sagen immer: »Zuviel Kraftaufwand«; und Fechten ist eine Art Höflichkeit, die leicht zur ganzen Höflichkeit führt. Alles, was auch nur eine Spur von Brutalem hat und von Heftigkeit, ist unhöflich; die Anzeichen genügen; die Drohung genügt. Man könnte sagen, Unhöflichkeit sei stets eine Art Drohung. Die weibliche Anmut verschließt sich dann und sucht Schutz. Was wird ein Mensch, der bebt, weil er seine Kraft schlecht in der Gewalt hat, sagen, wenn er heftig wird und sich ereifert? Deshalb sollte man nicht heftig sprechen. Wer Jaurès in seinem Salon begegnet ist, sah einen Menschen, der sich wenig um die Meinung und die Bräuche kümmerte und der oft nicht einmal seine Krawatte recht gebunden hatte; aber seine Stimme war ganz Höflichkeit durch eine singende Sanftheit, in der das Ohr keine Heftigkeit entdeckte; das war etwas Wunderbares, denn jeder hatte diese metallene Dialektik im Gedächtnis und dieses Brüllen seiner Löwenstimme. Kraft ist der Höflichkeit nicht entgegengesetzt; sie schmückt sie; das ist Gewalt, die sich in der Gewalt hat.

Ein unhöflicher Mensch ist auch dann noch unhöflich, wenn er allein ist; zuviel Kraft in der geringsten Bewegung. Man spürt die verkrampfte Leidenschaft und diese Angst vor sich selbst, die Ängstlichkeit ist. Ich erinnere mich, einen ängstlichen Menschen gehört zu haben, der öffentlich über Grammatik diskutierte; sein Tonfall war der des lebhaftesten Hasses. Und da sich Leidenschaft schneller überträgt als Krankheiten, wundere ich mich niemals, Wut in den unschuldigsten Meinungen zu finden; es ist oft nichts als eine Art Schrecken, der mit dem Ton der Stimme zunimmt, und zwar durch vergebliche Anstrengungen gegen sich selbst. Und es kann sein, daß Fanatismus zunächst Unhöflichkeit ist; denn was man zum Ausdruck bringt, selbst wenn man es nicht will, muß man letzten Endes doch verspüren. So wäre denn Fanatismus eine Frucht der Ängstlichkeit; eine Angst, das nicht genügend zu behaupten, was man glaubt, schließlich, da man die Angst nicht erträgt, eine Wut auf sich selbst und alle, die auf die ungewissesten Meinungen eine furchtbare Kraft überträgt. Beobachten Sie einmal die Ängstlichen, wie sie Partei ergreifen, und Sie werden erkennen, daß Verkrampfung eine seltsame Denkmethode ist. Auf diesem Umweg begreift man, wie eine Tasse Tee, die man in der Hand hält, einen Menschen zivilisiert. Der Fechtmeister beurteilte einen Fechter nach der Art, wie er mit einem Löffel in einer Tasse Kaffee rührte, ohne eine Bewegung zuviel zu machen.

6. Januar 1922

## *Rousseau und das Gewissen*

Rousseau sagte, das Gewissen belehre uns untrüglich durch die Beschämung und durch die Erinnerung an die Beschämung. Worüber die Leute vom Fach, Professoren der Moral oder Theoretiker der Gerechtigkeit, sagen, das Gewissen bedürfe der Erhellung und daß es zum Beispiel nicht leicht sei zu wissen, ob man ungerecht ist oder nicht, wenn man einen bestimmten Preis oder einen bestimmten Lohn zahlt. Nur heißt das, die Dinge aus der Sicht der Polizei nehmen. Rousseau gehört zu der Art von Ungeselligen, die die Tugend an sich bedenken und keineswegs ihre äußeren Wirkungen. Sie können sich auf Befehl zurückziehen, ohne im geringsten für einen Feigling zu gelten; aber wenn bei diesem Unternehmen die Angst Ihnen ihren Stachel zu spüren gegeben hat, sind Sie es allein, der es weiß. Sie sind es, der seine eigene Knechtschaft auskostet und dosiert ohne die geringste Chance, sich zu irren. Sie sind es, der weiß, was Sie tun wollten, wie Sie es tun wollten und bis zu welchem Punkt die Angst Sie gehindert, gelähmt und von Ihrem Vorhaben abgebracht hat. Die größten Lobreden tilgen nicht diesen Eindruck der Angst, die Sie so sehr empfinden.

Die Wut, eine weitere Unordnung, die ebenfalls tierhafter Natur ist, wird manchmal versteckt. Die anderen sehen nur, daß Sie ruhig und höflich sind; aber Sie, wenn es Ihnen nicht gelingt, diese ständige Wut zu besänftigen, wenn Sie dadurch eine Stunde Ihres Schlafes verlieren, wenn Sie Ihren eigenen Gedanken gegenüberstehen wie ein König den Aufständischen, Sie wissen dann sehr wohl Bescheid. Noch in der Erinnerung ist der Zustand demütigend. Man kann sich damit abfinden, und man muß es sogar. Dennoch, wenn Sie sich selbst verziehen haben, was vernünftig ist, haben Sie noch immer nicht diese Beschämung ausgelöscht, sei sie klein oder groß, es bleibt eine geheime brennende und stechende Beschämung. Lesen Sie darüber nach in den *Konfessionen*; es gibt kaum ein Buch, das mehr gelesen wird; ein Beweis, daß jeder Mensch sich darin erkennt.

Der Tumult der Sinne ist ein furchtbarer Aufstand, gegen den wir nicht viel vermögen. Nun, wenn dieser Tumult sich gegen nichts richtet, was wir wollen, dann mag das noch angehen; denn mit dem Tierhaften im Menschen muß man sich abfinden. Aber sobald Sie sich von dem haben abbringen lassen, was Sie beschlossen hatten, fühlen Sie sich als Sklave; es bleibt die Beschämung, die in der Folge Vorsicht und Behutsamkeit erzeugt. Nun, dieselben Wirkungen stellen sich ein, wenn Sie innerlich ungerecht sind, das heißt, wenn die Wut, etwas an sich zu reißen, zu behalten und anzuhäufen, Sie von dem abbringt, was Sie sich fest vorgenommen hatten. Es ist häßlich, wenn einem Geld leid tut, das man schuldet, selbst wenn man es bezahlt. Wenn man es durch die Wirkung dieser Anwandlung von Geiz nicht zahlen kann oder wenn man sich nicht dazu entschließen kann, einen Vertrag zu erfüllen durch diese unüberwindliche Liebe zum Eigentum oder, besser gesagt, durch dieses Besitzenwollen, dann markiert von nun an Beschämung diese Handlung oder diese Geste. Und diese Art von Ungerechtigkeit hängt keineswegs von den wirklichen Rechten des anderen ab; sie entspringt nur einem Aufstand des Geizes gegen die Meinung, die Sie von dem hegen, was Sie versprochen haben. In dieser Meinung können Sie sich irren; das ist nur eine Angelegenheit der Polizei; aber Sie irren sich niemals, wenn Sie die Macht der Begierde abschätzen und die Bewegung der Revolte, die Ihrer eigenen und inneren Regierung Schach bietet. Alles spielt sich dann ab zwischen mir und mir. Die anderen wissen nichts davon, aber ich weiß es wohl.

Wenn man Rousseau nicht begriffen hat, so kommt das daher, daß man den Begriff des Gewissens nicht so gebildet hat, daß er der einzige Richter einer Feigheit, einer Ungerechtigkeit ist. Das Gewissen ist untrüglich, denn es allein kann richten. Der Beichtvater würde sagen: »Wenn Ihr Gewissen Ihnen nichts vorwirft, dann sind Sie in der Tat ohne Tadel.« Und in diesem Sinne sagt man, daß ein gutes Gewissen keinen Richter fürchtet.

1. April 1922

## *Pflanzen*

Ein Mann, der die Samen seiner Kapuzinerkresse bekämpfte, um Platz zu schaffen für andere Blumen, sagte naiv: »Sie verstecken sich, sehen Sie. Seit ich ihnen den Kampf angesagt habe, haben sie sich alle unter einem Blätterdach versteckt. Sie lernen es, sich meinen Blicken zu entziehen, wie Tiere es tun würden.« Von Natur sind wir alle Dichter, und wir beurteilen zunächst alle Dinge nach unseren politischen Ideen. In der Tat blieben nach einigen Tagen nur noch die Samenkörner, die durch ihre günstige Lage den wachsamen Gärtner getäuscht hatten. Ich erinnere mich, daß ich, als ich in einem Frühjahr von allen Seiten von einem stark wuchernden Unkraut angegriffen wurde, dessen Blätter denen der Veilchen ähnelten, fast gedacht hätte, es zöge sich in die Veilchenstauden zurück. Der erste Gedanke, der uns kommt, ist immer ein ungezügelter Gedanke; und ich wurde einen Augenblick lang von der törichten Idee ergriffen, es stecke eine pflanzliche List dahinter. Tatsächlich aber wuchs diese Pflanze fast überall; die Nachbarschaft der Veilchen bewahrte sie eine gewisse Zeit vor der Hacke.

Als Darwin auf den Gedanken kam, auf einer schottischen Weide ein kleines Stück einzufrieden, um es vor dem Vieh zu schützen, und bald Kiefern darauf wachsen sah, hätte man auch sagen können, daß die Samen der Kiefer, als sie die Einfriedigung bemerkten, sich sogleich darein flüchteten. Aber Kiefern wuchsen auf der ganzen Weide; und Darwin hatte diese Sprosse wohl bemerkt, die durch die Hufe und Zähne des Rindviehs ständig knapp über dem Boden gehalten wurden. Auf den durch den Krieg unbestellten Feldern, die sich zwischen Artillerie und Infanterie erstrecken, habe ich mehr als eine Feststellung getroffen, und besonders habe ich in einem Luzernefeld einen kleinen Wald von Hagebuchen gesehen, der dort wuchs; diese Wahrnehmung rief in meinem Geist die Feststellung Darwins wach, die so einfach ist, der es für mich aber an Anschauung fehlte. Große Gedanken haben etwas Kindliches, das bewirkt, daß die Schöngeister immer an ihnen vorbeigehen, ohne sie zu sehen.

Man kann also die Ökonomie eines Instinktes der Pflanzen aufstellen, die darin bestände, daß sie ein günstiges Gelände, Schutz und Licht suchen und finden. Nur metaphorisch wird man sagen, daß die Gänseblümchen einen besonnten Hang erstürmen; ihre kriechenden Stengel und ihre Samen wachsen besser auf dieser Seite. Die Winde ringelt sich in einer einzigen Nacht um einen vergessenen Spazierstock; aber sie stürzt sich nicht auf diese Stütze, um sich zum Licht zu erheben; nur da der Teil des Stengels, der auf einen festen Körper trifft, sich weniger schnell entwickelt als der freie Teil, wird der Stengel nach der Form des Stocks gebogen. Alle diese Wesen leben, so gut sie können, oder gehen ein, und ihre Formen drücken Bedingungen aus. Diese Idee führt weit; und beachten Sie, daß sie uns von der Inhärenz abwendet, wie der Schatten Platons sagte, als er die Verhältnisse des Lebens nicht so sehr durch die Eigenschaft der Pflanze als durch ihre Beziehung zur Nachbarschaft erklärte; zur

Umwelt, dem Schatten, der Sonne, dem Wind, den anderen Pflanzen und Tieren, Insekten, Vögeln, Vieh, die mit der Pflanze ein einziges Wesen bilden. Ebenso bilden die Gezeiten mit der Sonne und dem Mond eine einzige Tatsache; und der Tag bildet mit der Nacht und der Mondfinsternis eine einzige Tatsache. Nach dieser Abfolge unserer Ideen in der Geschichte der Wissenschaften kann man eine neue Idee beurteilen, nicht allein nach der Erfahrung; denn die Erfahrung bestätigt oft eine törichte Idee, wie meine Beispiele zeigen. Deshalb folgte Descartes dem Königsweg, als er den Tieren jegliches Denken bestritt; denn man unterstellt den Tieren und sogar den Menschen immer zuviel Denken. Und man muß viele Abstriche machen an der List der Politiker wie an der List der Pflanzen; die Ursachen sind immer einfacher, als man annimmt, und überdies die letzten, an die man denkt; aber daraus entspringt auch eine Sicherheit des Tuns, sobald man die Ursachen erkennt. Um den Ungeduldigen zu beruhigen, bieten Sie ihm einen Sessel an.

20. Mai 1922

## *Das Erhabene und die Schande*

Kollektive Trunkenheit bewirkt Illusion. Der Mensch, der durch Gesang oder Aufmärsche in Übereinstimmung mit andern gerät, findet sich derart über kleine Interessen und große Ängste erhoben, daß er sich als Held vorkommt. Diese Art Taumel, die Fanatismus ist, erklärt zur Genüge jene erhabenen Entschlüsse, die Versammlungen in schwierigen Stunden fassen und gutheißen. Die gleiche Art Taumel sieht man bei Militärparaden; und es steht außer Zweifel, daß die mittelmäßigsten Menschen, die von diesem kollektiven Taumel erfaßt werden, sich ohne weiteres töten ließen. Das ist der Beginn jedes Krieges. Die allgemeine Trunkenheit versetzt dann jeden Menschen in einen wunderbaren Zustand, in dem er keinerlei Furcht mehr kennt. Jeder hat dieses köstliche Gefühl schon einmal verspürt, das tatsächlich Flügel verleiht. Das ist der Augenblick der Begeisterung, der wie eine Trunkenheit ohne Wein ist.

Aber man kann darin nicht verharren. Die Vorsicht kehrt zurück. Dieses Erhabene, das uns fremd ist und das, um es genau zu sagen, nur aus Nachahmung besteht, verläßt uns ebenso schnell, wie es uns ergriffen hat. Folglich ist es eine Schande im tiefsten Sinne des Wortes, wenn wir uns darauf beschränken, diese übermenschlichen Gefühlsregungen wie einen Leckerbissen zu kosten. Wie Julia, sobald sie die Macht Romeos verspürt, dieses Gefühl auf die Ebene des Menschlichen hebt, indem sie sagt: »Wenn ich den nicht heirate, sterbe ich als Jungfrau«, nimmt sich der kriegerische Mensch beim Verlassen der berauschenden Versammlung zusammen und schwört, etwas zu tun, weil er diesen Zustand hat ertragen müssen. Hier zeigt sich der wahre Schwur und der wahre Mut. Der Wille muß zahlen, weil die Begeisterung versprochen hat. Die Schande ist der Zustand des Menschen, der von der empfangenen Trunkenheit gekostet hat und der sich in der Folge darauf beschränkt, sie zu erwarten oder zu suchen. Das ist der Zustand dessen, der den Krieg nicht führen kann oder will, obgleich er sich für ihn entschieden hat.

Solcher Art ist das äußerlich Erhabene, von Natur köstlich und Sache der Feinschmeckerei. Entehrend, wenn man sich nicht einsetzt. Entehrend, wenn man trotz des Schwurs sich nicht so einsetzt, wie es die trunkene Gefühlsaufwallung verlangt hat, das heißt, die Risiken des Heroismus nicht auf sich nimmt, nachdem man von der Trunkenheit gekostet hat. Wer den Krieg gewollt hat, ist entehrt, wenn er sich nicht an die Front meldet. Die geringste Regung von Heroismus, die er aus der gärenden Versammlung empfangen hat, entehrt, wenn er nicht alle Risiken ohne jede Bedingung in Kauf nimmt. Deshalb gibt es nichts Häßlicheres und Gemeineres als den Stammtischstrategen. Das Glück, das er von den Helden empfängt, ist mir ein Greuel. Das heißt, vom Heroismus sich das aussuchen, was gefällt. Feinschmeckerei. Festschmaus mit Menschenfleisch. Der Schauspieler des Krieges ist ohne jeden Zweifel entehrt. Und nach meiner Meinung ist es die Furcht vor dieser quälenden Schande, die denjenigen in den Kampf treibt, der auch nur ein wenig die köstliche Gärung verspürt hat. Denn er muß nun auf seine Kosten und mit energischem Willen das wollen, was er zunächst nur aus einer Art Feinschmeckerei gebilligt hat. Er muß die Trunkenheit bezahlen, wenn er sie auch nur ein ganz klein wenig empfunden hat. Indem ich so meine Bewunderung für die Helden bewahre, bewahre ich auch eine entschiedene Verachtung für diejenigen, die, nach dem bekannten Wort, mit dem Säbel der anderen rasseln.

10. Dezember 1922

Zirkel fordern alles von uns und geben uns nichts; wie man aus jenen Gesellschaften ersieht, die alles zu einem guten Ende führen, die es aber prompt dahin bringen, daß man nichts mehr denkt, nichts mehr will, nichts mehr tut. Es ist ziemlich klar, daß Sie etwas opfern müssen, wenn Sie in einem Zirkel mit anderen denken wollen; aber die Wirklichkeit ist noch viel strenger. In der Tat sinkt das allgemeine Denken alsbald auf das niedrigste Niveau; eine frivole Frau schreibt allen das Gesetz vor, ohne daß sie es will oder gar daran denkt. Allein durch die Anwesenheit eines vierjährigen Kindes sind alle vier Jahre alt.

In gewisser Weise ist das schön. Diese vollendete Höflichkeit, die Humanität ist, nimmt uns ganz in Besitz; wir alle sind ganz Gesellschaft. Die bloße menschliche Gegenwart diszipliniert die Resolutesten. Beachten Sie, daß Sie, wenn Sie sich dagegen auflehnen, immer noch auf dem allgemeinen Niveau streiten müssen, das das niedrigste ist. Darüber habe ich mich lange getäuscht; ich habe nicht ohne Mühe begriffen, daß der Einwand gegen eine Idee genau den Wert der Idee hat; besser gesagt, daß nämlich der Einwand gegen die Idee und die Idee selbst immer noch dieselbe Idee sind; womit ich Hegel huldige.

Eine Frau von hoher Kultur wollte sich diesen Unterhaltungen über Köchinnen und Zimmermädchen widersetzen; sobald sie diese Themen aufkommen sah, machte sie daraus eine bissige und glänzende Satire, indem sie tausend Anekdoten erzählte; und jeder fiel ein und gab sein Teil dazu. Das hieß immer noch über Köchinnen und Zimmermädchen sprechen. Ironie ist ein Spiel, bei dem man immer verliert. Célimène nutzt die Zeit, in der der Eitle, der Dummkopf, der Unverschämte fort sind, um sie durch ihre Reden erscheinen zu lassen. Indem sie sie verneint, bestätigt sie sie; sie schenkt ihnen ein zweites Dasein.

Es liegt etwas Gutes in den Zirkeln, und das zivilisiert den Menschen; aber es ist gewiß nicht das Denken. Ein Goethe fand sich ziemlich gut mit der Gesellschaft von Höflingen ab, die immer eine Art Menuett tanzen, worin die Worte ebenso absehbar und geregelt sind wie die Gesten. Verachtet hätte er jene Gesellschaften ohne Zeremonie, wie man so gut sagt, in denen jeder furchtlos improvisiert. Ich habe mehr als einmal eine Heftigkeit des Widersprechens beobachtet, die Höflichkeit ist und die darauf abzielt, das furchterregende Schweigen auszufüllen. Diese Art von Entgegenkommen hat den schönen Namen Esprit erhalten; und das ist nicht zuviel gesagt, denn der Geist opfert sich hier auf. Ein Schuß Esprit kündet immer den Tod einer Idee an. Deshalb muß man allen Gemeinplätzen zum Trotz sagen, daß es etwas Achtenswertes im Leben der Gesellschaften gibt, das Zeremonie ist, und etwas Verächtliches, das Gerede ist. Das hatte Sokrates sehr gut erkannt, der sich immer über die Meinungen lustig machte, niemals aber über die Riten. Daher wollte er mit seinem Schierlingsbecher den Göttern ein Trankopfer darbringen. Diese Geste war schön. Höflichkeit und Ablehnung in einem; so grüßte Goethe den Fürsten.

19. Januar 1923

## *Nichts ersetzt das Kunstwerk*

Kunstwerke sind Zeichen; keiner zweifelt daran, daß diese Gegenstände wie Säule, Vase, Statue, Porträt zum Geist sprechen; wenn wir zu ihnen zurückkehren, sprechen sie noch besser; aber sie drücken nichts aus als sich selbst; es ist das Eigentümliche des Schönen, daß es uns niemals an etwas anderes verweist, auch an keine äußere Idee. Die Maschinen sprechen zum Geist; man muß sie verstehen; aber sie verweisen uns an eine äußere Idee, von der sie gleichsam eine Kopie sind; deshalb kann man eine Maschine kopieren und es ebensogut machen, genauso wie man erneut die Idee kopieren kann und es ebensogut machen kann; aber Maschinen sind nicht schön. Wohingegen eine schlichte Säule, Trümmerstück eines Tempels, uns ihre unerschöpfliche Idee ins Auge springen läßt; und ihre Idee, das ist sie selbst; ihre Idee liegt in diesem Stein gefangen. Wie Shakespeares *Sturm*; er ist voller Ideen und wird bis ans Ende der Bühnenkunst etwas bedeuten; aber all diese Ideen sind im Stoff eingeschlossen; keiner mehr kann sie anders ausdrücken; nichts ersetzt das Kunstwerk. Was das Werk sagt, kann kein Resümee, keine Nachahmung, keine Bearbeitung sagen. Wo bleibt da die Ganzheit? Ich finde nur Worte. Aber die Anordnung der Worte ist es, die das Werk ausmacht; daher wüßte ich nicht zu sagen, was wichtig ist und was nicht; alles ist von Bedeutung. Jeder Teil der Statue ist ein Marmor- oder Steinkörnchen, das für sich keine Bedeutung hat, das aber in der Statue alle Bedeutung hat. Was die Statue betrifft, so wird das jeder zugeben; aber wenn das Werk aus Wörtern gemacht ist, üblichen Zeichen, die Allgemeingut sind, so möchte der Kritiker sich ihrer entledigen, wenn er sagt, gewisse Partien hätten keine Bedeutung; und es stimmt, daß sie als Partien es nicht haben. Sobald man von der äußeren Idee her urteilt, haben sie keine; wie jenes Zellgewebe, von dem die Anatomen nicht wissen, was sie von ihm halten sollen; in gewisser Weise Füllwerk; ebenso findet man in jedem Werk der Kunst, was man Füllwerk nennen möchte; aber diese Dinge, die für sich genommen von geringer Bedeutung sind, sind schön durch das Ganze. Sobald man darauf aufmerksam geworden ist, möchte man weder Auszüge noch Anthologien mehr lesen.

Ich habe für Balzac gestritten. Von Zeit zu Zeit begegne ich einem eiligen Leser, der mir beweist, daß *Die Lilie im Tal* sehr langweilig ist; und ich kann nicht beweisen, daß dieses Werk die *Ilias* oder den *Hamlet* aufwiegt, wie ich weiß. Aber ich kann dem Leser immer beweisen, daß er redet, ohne gelesen zu haben; denn ich erinnere ihn an erhabene Stellen, die er nicht einmal bemerkt hat, wie an den Todeskampf dieser Frau, als sie das Wasser des Flusses durch die Mauern hindurch spürt. Dadurch gebe ich dem flüchtigen Leser einen Wink und führe ihn oft zum Werk zurück; denn nichts kann das Kunstwerk ersetzen; man muß es immer wieder lesen, bis das ganze Werk bis ins geringste Wort gegenwärtig ist; das ist das Gesetz der geschriebenen Werke, daß man das Ganze nicht mit einem Blick umfassen kann, wie man es mit einer Statue macht; und zweifellos bedarf es des Beispiels eines Lesers, um einen anderen mitzureißen. Deshalb kann der Ruhm eines Autors nur allmählich wachsen, und zwar durch ein Wetteifern des Bewunderns; und Worte darüber nutzen kaum etwas, weil sie nur die äußere Idee ausdrücken. Doch wenn sie auch die Bewunderung ausdrücken, dann verbreiten sie dadurch den Kult.

17. Februar 1923

## *Menschliche Geographie*

Begreifen heißt durch Dinge begreifen, einen anderen Weg gibt es nicht. Personen sind zu beweglich; man unterstellt ihnen Fähigkeiten nach dem, was sie getan haben, und das erklärt nichts. Es ist leicht zu sagen, daß die Seeleute Englands mehr Unternehmungsgeist hatten als die aus Venedig. Daher vergleicht Montesquieu die englischen Flußmündungen, die von mächtigen Gezeiten ständig vertieft werden, mit den Lagunen und stehenden Gewässern des Binnenmeeres. Wo die Schiffe mit größerem Tiefgang, die hohen Kiele und die mächtigen Segel sein werden, ist nicht schwer zu erraten. Aber diese Physik des Menschen steckt noch in den Kinderschuhen, und die ungeheure Idee Darwins wird lasch angewendet. Es würde mir Spaß machen, Odysseus und seine Gefährten durch die Form des Mittelmeeres zu erklären; aber dazu müßte man dieselben Kaps umfahren haben auf den Schiffen, über die sie verfügten, und das Steuer halten, wie sie es taten, um etwas von ihren Leidenschaften, ihren Gesten und ihren gemeinsamen Eigenschaften anzunehmen.

Eines läßt sich feststellen in den Reisebeschreibungen Chateaubriands. Sobald er in See sticht, teilt er die Abenteuer des Odysseus und die Gastfreundschaften während der langen Unterbrechungen; was sich schon zur Genüge erklären läßt durch die Stürme dieses tiefen Meeres, wo die Welle schnell und brutal zuschlägt. Eine Seefahrt, die in der Regel leicht und plötzlich unmöglich ist, berichtet von diesen Abenteuern und sogar von diesen Plünderungen; man brach auf mit Verpflegung für acht Tage und irrte jahrelang umher. Also mußte man die Rinder des Sonnengottes töten. Man hat mir erzählt, daß die Seeleute der Insel Groix, als sie auf der Jagd nach Thunfischen ins Mittelmeer fuhren, lange Zeit nicht zurückkehrten, aber daß ihre Angehörigen von ihnen Nachricht erhielten durch Strafanzeigen; auch sie töteten hier und da die Rinder des Sonnengottes. Es gibt eine Art Müßiggang, Sorglosigkeit, Langeweile und schließlich Leidenschaften, die vom Meer abhängen, von den Küsten und vom Klima. Die *Odyssee* ist das Gedicht dieses Meeres; Odysseus, der am Strand sitzt und auf das Meer schaut, erkannte sich selbst.

Der Bergbewohner erkennt sich in seinem Gebirge. Seine Kniekehlen sind wie Pfade; die Kiepe formt die Haltung seines Kopfes und treibt seine Gedanken in die Stirn. Wer in langen Wintern auf der Ofenbank Uhren repariert, kann nicht dieselbe Politik haben und nicht dieselbe Religion wie der Fabrikarbeiter. Die Fabrik versammelt die Familien um sich und zerstreut sie gleichzeitig durch die Wirkung dieser Dampfmaschine, die die Sitten tiefgreifender verändert hat, als irgendeine Predigt oder Propaganda es je vermocht haben. Stellen Sie sich dagegen diese winterliche Einsamkeit vor, die die Familie im Gebirge zusammenhält; Achtung und Gehorsam sind dort anders; die Ideen eines jeden ähneln seinem Tun.

Balzac hat in seinem *Landarzt* die Sitten des Hochgebirges dargestellt; die Familie ist dort viel enger vereint, stärker zusammengehalten, strenger regiert; auch hat die Religion dort mehr Macht. Der Anthropomorphismus hat viele Nuancen. Der Mensch schafft sich Gott nach seinem Bild; aber die Stadt Gottes stellt man sich auch nach der Stadt der Menschen vor; und den göttlichen Willen stellt man sich immer nach den Sitten vor, das heißt nach den beständigsten menschlichen Beziehungen. Der Vater ist überall das erste Modell Gottes, wie unsere Metaphern zeigen. Aber man müßte in die Einzelheiten gehen. Ein Pferdelenker kann nicht dieselben Leidenschaften haben wie ein Ochsentreiber. Wer Hunde dressiert, hat wieder eine andere Art zu befehlen. Kinder, die diese Macht verspüren und alsbald nachahmen, nehmen dann eine bestimmte Art des Respektierens und Verachtens an, des Sagens und des Verheimlichens, des Erwartens und des Wagens. Aber auch der Bergbewohner findet seine Ideen in der Ebene nicht wieder; es fehlen ihm die drei oder vier Stunden geduldigen Aufstiegs und diese Abstiege im Galopp; ohne den Sturzbach und das Echo in Anschlag zu bringen, die zwei Musikanten sind, und den plötzlichen Frühling und diese Lust, auf die andere Seite der Pässe zu gelangen, denn der widersteht niemand. Aber jede Biegung hat ihre eigene Poesie und ihren Gesang. Jede Biegung entwirft eine Geste des Menschen. So wird die Poesie ständig geformt durch die Landschaft; der Pfad führt den Menschen mit sich, die Treppe hält ihn an und richtet ihn auf; das Echo regt ihn an zu singen; das Gebirge lädt ein zu Chorgesang; die Gesellschaft ist dichter zusammengedrängt und gesichert, was durch tausend Ursachen die Überzeugungen bestärkt.

11. Oktober 1923

## *Die großen Sinnbilder*

Von Herkules zu Jesus sind Abfolge, Gegensatz, Fortschritt ziemlich klar. Diese Berichte sind wirklich durch die Gedanken. Man fragt nicht, ob die orientalischen Märchen wahr sind; man erkennt, daß sie wahr sind, weil die Menschen zunächst gewiß ihr eigenes Dasein nach dem reinen Ereignis bedacht haben, das die Hoffnung mal enttäuscht, mal erfüllt; und dieses Bild der Märchen stellt für alle Zeiten die Spiele der Einbildungskraft und der Leidenschaften in eins dar, eine Art Gebet, das nur Neugierde und Verlangen ist, also das erste Gewebe all unserer Gedanken. Herkules tritt diesen magischen Teppich mit Füßen; er beachtet ihn nicht einmal. Es ist wahr, daß die Tat dem Traum ein Ende setzt; aber es ist noch viel wahrer, daß die athletische Übung die Einbildungskraft auf klare Wahrnehmung reduziert. Herkules ist also klarsehend durch seine Kraft, gut und gerecht durch seine Kraft. Diese Ordnung der Kraft und diese Tugend der Ausübung wurden lange Zeit verehrt und werden es immer sein. Der Mensch, der unterwegs ist und selbstgewiß, ermißt die äußere Notwendigkeit und trifft mit sicherem Schlag. Den Übeln, die sich einstellen, wird also ein Ende bereitet; Wachsamkeit und Gewerbefleiß stellen sich ein. Der Mensch richtet den Planeten ein und verbessert ihn, indem er sich mit lebhafter und gemessener Bewegung gegen das Wasser, das Feuer, die Pestilenz, den Straßenraub wendet. Herkules würde seine Söhne wiedererkennen.

Aber folgen wir dem Bericht. Herkules geht durch seine eigenen Leidenschaften zugrunde. Die inneren Dämonen zeigen sich. Andere maßlose Übel kleben an uns wie das brennende Nessushemd; die Schreie des Herkules erfüllen die Welt. Was ist das, wenn nicht das geliebte und aufgegebene Verbrechen, die Brüderlichkeit und der Haß in einem, die Polizeigewalt und der Gewerbefleiß, die sich selbst zerstören? Dahin haben uns die Arbeiten des Herkules gebracht, und das ist der Krieg im Reinzustand, Tugend gegen Tugend und das Bessere der Urheber des Schlechteren. Konflikt in der eigenen Brust. Hier zeigt sich die Hydra, der die Köpfe nachwachsen, kaum daß sie abgeschlagen sind. Hier geht die disziplinierte Kraft durch die disziplinierte Kraft zugrunde, und das ohne Ende. Wodurch? Allein durch die Meinung. Die Meinung allein hat zu diesen Zeiten zehn Millionen Menschen getötet.

Ein anderes Leben zeigt sich. Mächtig ohne Macht. Ein anderer Athlet, und zwar durch Urteilskraft. Die Macht Caesars erwartet Zustimmung und Kult; aber Zustimmung und Kult werden ihm verweigert. Den Gottmenschen beschäftigt ein anderes Heil; er schaut nur in sich selbst, auf die Begierde, die Liebe, den Ehrgeiz, den Geiz, um sie sich unterzuordnen. Keineswegs zufrieden mit der politischen Ordnung, die allen diesen Dingen einen Anschein von Vernunft gibt, sondern indem er verkündet, daß man ihnen alles gibt, wenn man ihnen auch nur ein wenig innere Zustimmung gibt. Tiefer noch, indem er erkennt, daß die Mächte im Dienste des Geistes den Geist entehren; daß der Geist siegen wird, aber ganz auf sich gestellt und entwaffnet;

daß alles mögliche äußere Gut aus dieser Weigerung und diesem Rückzug des Geistes auf sich selbst und dieser Reinigung im eigentlichen Sinne des Wortes kommen wird. Endlich hat die Macht ihr göttliches Recht verloren. Wenn das Marterholz, das in dem neuen Tempel verehrt wird, etwas bedeutet, dann zweifellos dies, daß die Macht kein Attribut Gottes ist. Das Kreuz erinnert uns eindringlich daran, daß der Gott des Geistes eine schimpfliche Hinrichtung erlitten hat. Unmöglich, sie zu vergessen. Man versteht hier die Kraft dieser großen Bilder, über die die Rede keine Gewalt hat. Was für theologische Sophismen, um Geist und Macht zu vereinen und ein einziges Gebet für den einen und den anderen zu verfassen! Gleichwohl kann man mit diesem furchtbaren Zeichen nichts verfassen, auch wenn wir daran gewöhnt sind. Dieses mächtige Bild ist uns vorausgegangen. Wir möchten glauben, daß der Fortschritt ein lieber Junge ist. Aber das Zeichen bleibt; es wartet auf unsere Gedanken.

22. Dezember 1923

# *Die Kunst des Romanciers*

Wenn die Voraussetzung einer Mathematikaufgabe genau erkannt ist, ist die Aufgabe gelöst; es sei denn, die Lösung ist unmöglich. Die Lösung ist also nichts anderes als die klar gestellte Aufgabe. Wenn ich fünf und sieben zusammen genau kenne, kenne ich zwölf. Das Objekt hat sich nicht verändert, aber ich kenne es besser. Nichts hat sich bewegt. Diese Art von Veränderung ist keine Bewegung.

Ich betrachte eine Landschaft am Morgen. Die Sonne, die am Himmel aufsteigt, verändert sie von Augenblick zu Augenblick. Mein Blick indes erhellt sie auf eine andere Weise; ich erwache zu ihr; ich stelle fest, ich unterscheide, ich stelle etwas an seinen Platz, ich erkenne etwas, ich erkenne mich darin. Das ist ein anderer Sonnenaufgang. Der erste Kontakt oder der erste Anblick ist etwas, was ich nicht wiederfinde; kaum daß er der erste ist, ist er schon der zweite. Ich kann nicht bei der unaussprechlichen Verwirrung des Erwachens oder auch des ersten Blicks verweilen. Ich öffne die Fensterläden. Die Außenwelt kommt zu mir herein; sogleich weise ich sie zurück; die Aufmerksamkeit frißt sich ein wie eine Säure; der Gegenstand nimmt einen Sinn an, der Gegenstand zeichnet sich ab. Was ist eine Straßenbiegung am Hang in der Ferne? Da ist nur ein heller Fleck; aber nein, das ist eine Straße. Die Naivität ist verloren. So reifen und altern all meine Gedanken. Schnell oder langsam? Man kann es nicht sagen. Denn nichts ist hier Bewegung. Ob der Gegenstand sich bewegt oder nicht, dieses Altern findet ständig statt. Leb wohl, mein erster Gedanke; er ist bereits nicht mehr; er wird nicht mehr sein; denn es ist immer noch derselbe Gegenstand. Alles hat an ihm teil; denn ein Gegenstand erhellt sich durch andere Gegenstände. Dieser Schlagschatten schien ein Ding zu sein; aber ich sehe nur noch einen Schatten, weil ich auch an die Sonne denke. Mein Universum geht vom Chaos zur Ordnung über, sobald ich es bedenke. So entgleitet jeder Augenblick in die Vergangenheit. Ich glaubte, jetzt weiß ich. Ich verwechselte etwas, jetzt unterscheide ich es. Wenn alle Dinge durch einen Zauber angehalten würden, würde die Zeit dennoch weiterfließen.

Die Kunst des Romanciers besteht zweifellos darin, von neuem die Zeit und die Lebensalter zu schildern. Alles darin muß Erwachen und Entdeckung sein, aber an demselben Gegenstand. Deshalb zerbricht der Themenwechsel das Romanhafte. Und Reisen sind ganz und gar nicht Romangegenstand; nein; nur die Rückkehr. Woher kommt das maßlose Interesse, das sich an Kindheitserinnerungen knüpft, und zwar in einem Dorf, Garten, Haus? In Combray breitet Proust seine Schätze aus. Denken Sie auch an das Tal in Balzacs Roman *Die Lilie im Tal*; es ist immer dasselbe Tal, aber der Blick ist gealtert. So brechen wir in einem echten Roman zu einer Art Reise auf, die eine Reise in die Zeit ist. Die Bewegung ist hier nur Akzidens und Nebensache. Und vor allem ist dem Roman nichts fremder als das Gemälde der Dinge, wie sie sind. Nicht wie sie sind, sondern wie man sie entdeckt, und zwar immer ausgehend vom ersten Anschein. Dasselbe gilt für Gesichter und Charaktere; zunächst in ihrer Jugend; nicht in ihrer eigentlichen Jugend, eher in der Jugend dieser ersten Vorstellung, die man sich von ihr macht und die nicht bleiben kann; daher dieser wunderbare Aufbruch und diese Reise ohne Bewegung.

22. März 1924

# *Die Steinaxt*

Man möchte wohlbewiesene Gedanken und dann nicht mehr an sie denken; das geht nicht. Man sagt wohl, daß die Erde sich auch ohne uns dreht; aber in unserem Geiste hört sie auf, sich zu drehen, sobald wir sie nicht mehr vorantreiben. Selbst der Astronom weiß nichts mehr davon, sobald er dessen sicher ist. Er zieht sich mit einem eleganten Zweifel aus der Affäre, indem er sagt, er sei sich keiner Sache sicher, alles an unseren Kenntnissen sei Hypothese und mehr der jämmerlichen Bemerkungen. Sie verstehen sich nämlich nicht darauf, das forschende Urteil wieder zum Leben zu erwecken, und da sie somit nicht entdecken, was sie bereits wissen, wissen sie es nicht mehr. Der berühmte Poincaré, der über diese Dinge geschrieben hat, zeigt sich hier als alter Mann und zugleich als Kind. Oft kommt er auf dem toten Punkt an und zweifelt dann ziemlich gut, aber schnell findet er die Haltung des Entdeckers wieder, und man sieht Thales, Galilei und Newton wiederauferstehen; von neuem dreht sich die Erde. Nun möchte der Leser irgendein Ehrenwort darauf, eine endgültige Aussage. »Wissen möchte ich«, sagte der Dummkopf, »ob der Raum eben oder gekrümmt ist.« Hier kann man aus vollem Halse lachen, weil jeder unwillkürlich lacht.

Ich habe das Glück, daß ich nicht an das glaube, was ich weiß; diese Art des Zweifels heilt vom Zweifeln. Ich kenne Leute, die Anhänger Euklids waren und es nicht mehr sind. Solche Leute gehen mir zu schnell.

Wie sollte ich aufhören, Anhänger Euklids zu sein, wenn es mir nicht gelingt, Anhänger Euklids zu sein, ich meine Anhänger Euklids zu sein, wie man Katholik ist? Ich bewundere immer noch, daß die Summe der Winkel eines Dreiecks zwei rechten Winkeln gleich sein soll. Wenn ich mir das ins Gedächtnis rufe, bin ich dessen nicht so sicher; in meinen Augen ist das einfach eines jener Dinge, die man so sagt. Und zu der Zeit, da ein Gelehrter der Sorbonne sehr stolz darauf ist, endlich etwas anderes zu sagen, bin ich immer noch dabei, das begreifen zu wollen, was ich sage. Ich mache mir keinen Spaß daraus, den alten Beweis zu widerlegen. Wie soll ich widerlegen, was noch gar kein Gedanke ist? Indem ich vielmehr, wenn ich kann, darauf zurückkomme, das für wahr zu halten, was ein Gemeinplatz geworden ist, bedenke ich noch einmal diese Natur des Dreiecks, diese drei sich drehenden Geraden, diese drei Winkel, die an dieses vollständige Wesen gebunden sind, an dieses Universum, das ich Dreieck nenne. Ich stelle es also wieder in Frage, indem ich mich an diese unabänderliche Idee halte und an diese tausend Formen, die sie nicht ändern, die alle in dieser einzigen Idee enthalten sind. So habe ich das Glück des Denkens und entdecke in meinem Eckchen, was Thales bereits wußte; immer auf andere Weise, denn ich pfeife auf diese mechanischen Beweise und diese nur allzu bekannten Paraden; das heißt, mit seinem Handwerkszeug klappern. Was ich gewonnen habe? Ich drehe mich um dieses göttliche und wunderbare Dreieck; ich fertige Kopien, Aspekte, Perspektiven an, betrachte unvorhergesehene Fälle; aber was letztlich dieses Verstandesgesetz ist, das alle Kombinationen in diesen drei sich drehenden Geraden erschöpft, so weiß ich, daß ich es nicht recht weiß; daß ich es nicht ganz und gar weiß; ich ahne es durch den Beweis hindurch, und in dem Augenblick ist der Beweis schön. Aber was sage ich da vom Dreieck? Die Gerade läßt genügend Raum für Meditationen. Ich kam kürzlich darauf zurück, als ich mir eine ungeheure Kugel vorstellte, auf der es klar ist, daß ein Bogen des Großkreises der Geraden Euklids gleichkäme, wohingegen ein paralleler Kreis ihr nicht gleichkäme. Ich habe immer etwas, um mich zu verlieren und mich wieder zu finden. Ich erfinde jedesmal wieder die Rolle und jedesmal den Hebel. Diese Methode des Steinzeitalters gewährt mir kaum einen Vorteil in diesen einfachen Problemen, in denen ich die Rolle eines Ignoranten spiele. Aber in den komplizierteren Problemen, in denen die Geschickten ihre Waffen erproben, geschieht es mir zuweilen, daß ich mich nützlich machen kann mit meiner Steinaxt und meiner Knochennadel.

20. Mai 1924

## *Instinkt*

Der letzte Monat dieses schönen Frühlings war ein wenig grollend; aber fast immer blieb der Streit der Wolken ohne Folge. An diesen schönen Tagen beobachtete ich eine Amselbrut. Zunächst sah man nichts als einen Haufen trockener Blätter, der sich ein wenig bewegte. Plötzlich erhoben sich vier runde Köpfchen, und fast unmittelbar danach landete der schwarze Segler, ohne auch nur die Blätter zu bewegen, indem er zwischen ihnen mit kurvenreichem und verlangsamtem Flug hindurchglitt. Auf dem Rande des Nestes sitzend, verteilte er dann die Nahrung und verschwand, wie er gekommen war, zur gleichen Zeit wie die vier gierigen Köpfe. Es ist sehr schwierig, in so wohlbemessenem Tun nicht irgendein Gefühl oder sogar Gedanken zu vermuten. Und dennoch ist es so, als wenn wir im Seiltänzer eine Kenntnis des Zentrums der Schwerkraft annähmen. Aber die Präzision der Bewegungen führt uns vielmehr dazu, die Amsel, den Baum, das Nest und die Beute wie eine einzige gleichsam meteorologische Sache wahrzunehmen. In der Tat bewegte sich dieser Nährvater wie der Wind, das Licht oder der Saft der Bäume.

Am späten Nachmittag, als ich wiederkam, um den Ernährer zu beobachten, sah ich etwas Ungewöhnliches. Er verharrte unbeweglich am Rand des Nestes über den Pflegekindern, und zwar so, als sei er bereit, sie zu beschirmen. Sie aber reckten oft den Kopf und öffneten den Schnabel; doch die väterliche Gewalt verwies sie grob an ihren Platz und hielt sie unter ihrem wachsamen Blick. Ich versicherte mich wiederholt, daß er sich nicht bewegte und daß die Sorge, seine Kleinen zu ernähren, durch irgendeine Ursache gleichsam aussetzte. Aber wie konnte man das wissen? Ich brauchte keine zwei Stunden zu warten. Am Himmel zog eine hochgetürmte Wolke auf, der Wind wendete die Blätter, Hagel prasselte auf die Dächer, ich sah Hagelkörner rollen, die so groß wie Haselnüsse waren. Es ist kein Wunder, daß Bewegungen, die auf das Ganze der Dinge so gut abgestimmt sind, sich auch mit Sonne, Wärme und Wind verändern. Diese vollkommene Unterwerfung sieht die Dinge besser voraus als unser unruhiges Denken. Wie der Rauch den Wind anzeigt, so zeigt der Vogel das Wetter an. Wenn ich jedoch unbedingt in diesem Vogel eine Intelligenz meine annehmen zu müssen, die der meinen überlegen ist, was mußten dann die Vogelfänger der Antike denken, wenn sie diese und andere Zeichen beobachteten, und zwar nicht einmal, sondern tausendmal? Ahmte er dann im Zweifelsfall nicht diesen Vogel nach und versammelte seine Brut, wenn er sah, daß die Amsel die ihre bewachte? Überall findet man noch Spuren dieser religiösen Aufmerksamkeit auf die Bewegungen der Vögel. Die Römer brachen ein Unternehmen ab, wenn sie einen Raben zu ihrer Linken sahen; und ihre Generäle ließen sich auf keine Schlacht ein, bevor sie wußten, ob die heiligen Hühner gut gefressen hatten. Das menschliche Denken konnte gar nicht anders, es mußte aufgrund so vieler Beobachtungen und Berichte, wie man sich leicht vorstellen kann, ein wohlgeordnetes theologisches System errichten. Man macht sich natürlicherweise eine übertriebene Vorstellung von den Übeln, denen man entgangen ist, wenn man den Auguren folgt; was nicht ist, fällt auch nicht in den Bereich der Erfahrung. Und die Zeichen, die man am Flug der Vögel abgelesen hat, mußten sich durch die Annahme eines übermenschlichen Wissens in diesen Tieren auf alles erstrecken. Aber ich glaube, bevor es Theologen für diese Dinge gab, war die Beobachtung von Vorzeichen ganz einfach eine Praxis, das heißt Nachahmung. Der Jäger spielte Amsel, spielte Ente, spielte Papagei, indem er sich bemühte, in all seinen Bewegungen diesen voraussehenden Tieren zu gleichen. Ein Zeichen begreifen heißt immer und zunächst, ein Tun nachahmen. Daher könnte man diese festen und konstanten Meinungen rückständiger Stämme wie zum Beispiel dieser Bororos, die eigentlich Araras sind, wie man uns sagt, weniger fremdartig finden. Ohne Zweifel befanden sich diese Familien aus Tradition in Übereinstimmung mit den Papageien, wenn sie etwas taten oder nicht taten; und die Metapher müßte diese religiöse Nachahmung ohne jede Nuance übertragen; wie ein Jäger sagen würde: »Heute spiele ich Amsel«, was sagen will, daß er den Hagel fürchtet und also zu Hause bleibt. Ich gestehe, daß der Soziologe, der geglaubt hat, hier eine andere Logik und unbegreifliche Widersprüche entdeckt zu haben, mich mehr verwundert als Bororos und Araras zusammen.

3. Juli 1924

## *Notwendigkeit und Freiheit*

Vendôme hatte eine schnelle Auffassungsgabe und Unternehmungsgeist, also Eigenschaften eines großen Generals; aber man erzählt, daß er sich nicht mehr von der Stelle rührte, sobald er gut untergebracht und in der Lage war zu tafeln; wenn er dagegen auf der bloßen Erde schlief und auf trocken Brot angewiesen war, konnte der Feind sich auf alles gefaßt machen. Wenn man dieser Idee folgt, die zum Lachen ist, gelangt man zu der anderen, die ebenso natürlich ist, daß nämlich die Bewegungen der Armeen und ihre glänzendsten Unternehmungen als Ursache oft das Pferdefutter hatten, das man auftreiben mußte, wo es war, und daß man so, wie das Wasser den Hang hinunterfließt, nach den Weideflächen den Marsch der Kavallerie nachzeichnen und die kühnsten Vorstöße voraussehen konnte. Hier zeigt sich die These des historischen Materialismus, nach der das Tun des Menschen wie das Wasser läuft, wenn auch nach komplizierteren Gesetzen, so daß derjenige, der weiß, wo ein Sumpf liegt, der nicht zu durchqueren ist, eine geschickte Umgehung der Infanterie voraussehen könnte. Ein Mann von Urteilskraft, der Richtkanonier bei Toul war, sagte, der Feind habe immer diesen kleinen Nachteil, daß er die Karte umgekehrt lesen müsse; solche Einfälle gefallen mir ungemein. Ich stelle mir ungefähr vor, wie der vorsichtige Turenne Krieg führte, indem er um das Hindernis herumging wie das Wasser um den Kiesel und so aus Notwendigkeit Genie machte.

Aber ich würde daraus nicht den Schluß ziehen, daß derjenige, der so auf seine Füße schaut und darauf achtet, daß er niemals versucht, was er nicht kann, derjenige ist, der am wenigsten das tut, was er will. Ganz im Gegenteil.

Retz, der ein Mann der Tat war, sagte, das heroische Urteil bestehe darin, das Außerordentliche vom Unmöglichen zu unterscheiden. Und ich stelle fest, daß das Außerordentliche das ist, was sich nach der jeweiligen Situation richtet und nicht nach Musterbeispielen für Schüler; was am genialen Einfall erstaunen läßt, ist, daß er den einzig gangbaren Weg gefunden hat. Wie der geschickte Bergsteiger; es gab nur einen festen Stein, und auf eben den setzt er seinen Fuß.

Wenn man die Untersuchung so weit vorantreibt, daß man die nackte Notwendigkeit entdeckt, ist man der nackten Freiheit ganz nahe. Denn die menschliche Knechtschaft hängt keineswegs von Dingen ab, sondern vor allem von Spielen der Einbildungskraft, die uns die Dinge verbergen. Der Mensch, den ein Schwindel ergreift, ist noch nicht am eigentlichen Hindernis, das ebensogut eine Stütze ist. Der Fechter beugt sich vor in dem Verlangen, einen Ausfall zu machen; aber auf diese Weise liegt sein ganzes Gewicht auf dem Bein, das vorschnellen sollte, und nagelt es so an den Boden. Wenn er sich der Notwendigkeit beugt, statt sich dem blinden Verlangen hinzugeben, dann schwingt er sich auf wie ein Vogel; und weil er nicht zu sehr gewollt hat, was er begehrt, sondern vielmehr das, was er vermag, wird er schließlich tun, was er will.

In den Argonnen hatten die Amerikaner gesagt:

»Wir werden drei Divisionen haben, wo ihr nur eine habt, und drei Verpflegungswagen, wo ihr nur einen habt.« So erringt die Einbildungskraft ihre Siege. In der Tat aber verstopften sie nur die Straßen durch den gewaltigsten Stau, den man je gesehen hat. Ein Turenne und vielleicht sogar ein Vendôme hätte sich schmaler gemacht als die Straße, aus Angst davor, behindert zu sein, die bewirkt, daß man auf die Dinge achtet, statt mit Hilfe der Einbildungskraft über sie hinwegzufliegen. Aber wer in der Einbildung lebt, klagt auch das Schicksal an; der Mann der Tat glaubt nicht daran; aber er kennt die Notwendigkeit, die etwas ganz anderes ist. Wenn man sagt, das sei zum Greifen nahe gewesen, meint man immer, daß ein schönes Vorhaben, dieses Kind der Einbildungskraft, sich habe stoßen müssen an einem Steinchen, das bereits da lag. Sehr gut, aber man hätte es doch sehen und umgehen können ohne dieses schöne Vorhaben, das die Sicht versperrt. Ich mochte immer schon dieses Wort Turennes bei einem berühmten nächtlichen Unternehmen; er sagte, indem er seinen Degen zog: »Schauen wir uns doch diese Leute mal an.« Er sagte nicht: »Auf ins Gefecht!« Das ist ein schönes Vorhaben.

15. September 1924

## *Der Apostel Petrus*

Dem Guten folgen ist schwer, es erkennen ist leicht. Als der Apostel Petrus seinen Herrn zum dritten Mal verleugnet hatte, mußte er nicht suchen, ob sein Herr recht oder unrecht hatte, oder ob er selbst sich hatte täuschen lassen durch einen schönen Schein; er fühlte sich vielmehr abgleiten; er erkannte seine Schwäche. Ich nehme an, er ist im Himmel, gekrönt mit allen Kronen und mit allen Ordenssternen dekoriert; und dennoch errötet er über seinen Ausrutscher, wenn er daran denkt. Fragen Sie den Bergsteiger, ob er nicht einen klaren Unterschied macht zwischen Klettern und Fallen; ich meine dieses kaum merkliche Abrutschen, das daher kommt, daß der Fuß keinen sicheren Halt hat, und das ihn durch ein heftiges und unangenehmes Gefühl daran erinnert, daß die Schwerkraft immerfort auf ihn lauert. Ebenso zieht uns der tierhafte Teil in uns immer auf die Bahn des Hasen, des Hundes oder des Pferdes. In dieser Lage ist der Apostel Petrus wie ein Hase oder wie eine Ratte geflohen; er hat ein Loch gesehen, er hat sich hineingestürzt.

Es gibt keine Regeln. Ich möchte nicht sagen, daß es beschämend ist zu lügen. Nehmen wir an, dieser Petrus sei voller Entschlossenheit gewesen, nachdem er seine Männer aufgestellt hatte und selbst auf der Lauer lag, um seinen Herrn und Freund zu retten. Man verdächtigt ihn, man fragt ihn aus; da sagt er fest und ganz ruhig: »Ich kenne diesen Menschen nicht.« Mag der Hahn in den folgenden Jahren so oft krähen, wie er will, Petrus wird sich jedesmal loben, daß er so standhaft gelogen hat. Denn lügen hieß in diesem Falle, etwas wagen und auf sich nehmen, es bedeutete, sich ohne Furcht zu beherrschen und keineswegs zu fliehen nach Art der Hasen. Diese Ansichten führen weit und sogar dahin, im Anführer einer Bande, der seine Spießgesellen nicht ans Messer liefern will, zuweilen mehr Tugend zu vermuten als in einem Richter, der versucht, ihn zu verachten. Aber was kann ich davon wissen? Tugend ist zur Genüge mit sich selbst beschäftigt, sie richtet niemals den Nachbarn.

Es ist manchmal ein Stachel der Feigheit in Handlungen, die jeder andere loben würde; und wie, glaube ich, Vauvenargues sagt: »Wenn Angst und Trägheit uns in unserer Pflicht verharren lassen, hat oft unsere Tugend die ganze Ehre davon.« Aber daß sie sich dann selbst lobt, das glaube ich keineswegs. Die geringste Spur von Feigheit, Schwäche, Nachlassen empfindet man, und sie wird, möchte ich gar sagen, genossen. Wenn ich deshalb erraten möchte, was ein Mensch wert ist, würde ich ihm eher ins Gesicht schauen als auf sein Tun; und es scheint mir, daß ich im Gesicht des Renegaten die häßliche Grimasse sehen würde, die er zieht, wenn er die üble Mischung schluckt; und jedesmal, wenn der Hahn kräht, muß er wieder schlucken. Aber das anzusehen erweckt Mitleid mit sich selbst. Deshalb verachtet der Mensch so schnell keinen Menschen, den er sieht; und ich habe festgestellt, daß man vor allem streng ist mit Leuten, die man nie gesehen hat. Eine der Quellen der Höflichkeit ist, daß wir fürchten, uns recht häßlich im menschlichen Spiegel zu sehen. Daher kommt man dazu, über nichts ernsthaft zu sprechen.

Rousseau erzählt, und zwar nicht ohne Schmerz, daß er ein Band gestohlen hatte und zuließ, daß ein Dienstmädchen davongejagt wurde. An diesem Tage war er Hase und floh, wohin er konnte. Besiegt werden durch das Tier in sich, das ist die Schuld. Annehmen, daß die Schuld nicht empfunden wird oder daß man daraus zuweilen sogar Stolz ableitet, heißt annehmen, daß ein Mensch, der vom Schwindelgefühl ergriffen wird, diesen Schwindel nicht empfindet, oder gar, daß er stolz ist, besiegt worden zu sein durch diese stupide Erregung. Ich schmiede hier keine Metapher, denn genaugenommen gibt es ein Schwindelgefühl in jedem Fehler, in jeder Angst, in jedem Jähzorn, in jeder Trunkenheit, in jeder Begierde, in jeder Schmeichelei, in jeder läßlichen Einwilligung. Wenn ich den Satz nach der Gewohnheit laufen lasse, statt ihn zu bauen und zu verbessern, dann weiß ich das wohl. Alle diese Gedanken sind im ersten Augenblick bitter, aber heilsam durch das Berichtigen. Immer kann ich meine Selbstbeherrschung erproben, und die nächste Wende ist nicht weit. Ich habe also zwei Formeln, um mich zu mir selbst zurückzuführen, und ich überreiche sie Ihnen zum Neujahrstag. Die erste lautet, daß nichts in der Moral schwierig ist, es sei denn, sie auszuüben. Die zweite lautet, daß die Moral uns nie dahin bringt, über die anderen zu urteilen, und das ist das Zeichen, an der man sie erkennt.

5. Januar 1925

# *Epos*

Die *Ilias* ist etwas Großartiges; kein anderes Epos reicht an sie heran; aber man sieht zunächst nicht, warum. Man findet darin nämlich das Wahre des Krieges, dem seither kein Dichter direkt ins Auge geschaut hat. Daß Massaker, Verwundungen, Leiden darin nach der Natur gezeichnet sind, ist schon viel; und zwar bis hin zu diesem abscheulichen Geruch; denn man sieht mehrfach, daß die Krieger, um sich zu beraten, einen Ort aufsuchen, der nicht von Kadavern beschmutzt und verpestet ist. Hunde, Raubvögel, Fliegen, Würmer bewegen sich auf diesen traurigen Resten; und es ist sehr eigenartig zu sehen, daß die alten Übersetzungen, die immer das vornehme Wort aus guter Gesellschaft suchen, es nicht fertigbringen, diesen grellen Gemälden die Farbe zu nehmen. Ich vergesse auch nicht diese Wahrheit der Leidenschaften, die das Wunderbare nicht verfälscht. Es ist zutiefst wahr, daß die äußeren Ursachen wie Sonne, Staub, Regen, Hunger, Erschöpfung diese despotischen Regungen der Laune, die in diesem aufbrausenden Leben die Gefühle darstellen, vollständig erklären; und eben das bedeuten diese eigentlich epischen Götter, elementare Kräfte, in ihren scheinbaren Unbeständigkeiten, die schließlich immer dem Schicksal unterworfen werden. Ich glaube, daß die nachgeahmten Epen vergehen oder zumindest dahinsiechen wegen dieser Anmut, die man ihnen erhalten möchte, Tugenden und Zwecke, die man darin darstellen will. Die Menschen der *Ilias* kämpfen aus verzweifelter Wut, die sie deutlich zum Ausdruck bringen: »Wir werden alle hier sterben; und warum?« Das ist ihr Refrain. »Von allen Arten, die auf der Erde herumkriechen, ist der Mensch die unglücklichste.«

Die Vernunft erhellt das Ereignis; sie ändert es nicht. Manchmal, wenn sie über diesen Vorwand nachdenken, Helena zurückzuholen, schließen sie weise einen Waffenstillstand und bereiten den Frieden vor. Aber irgendeine von den Göttern eingegebene Heimtücke belebt die Schlacht erneut. Und das bedeutet, daß die äußeren Kräfte die Menschen aufwirbeln wie Strohhalme im Wind. Das bedeuten auch diese überzeugenden Vergleiche, die man seitdem vergeblich nachgeahmt hat. Kurz, wenn es darum geht, zu retten oder aufzubauen, dann ist das kein Epos mehr. Hier zerstört man und wird zerstört und weiß es. Der Mensch gleicht unter diesen Umständen dem furchtbarsten der Elemente. Er berauscht sich daran, zu schaden und sich selbst zu schaden; und zuweilen hält er inne, betrachtet das Ganze und faßt einen Entschluß. Das ist der erhabene Augenblick und das Wahre des Menschen im Krieg. So ist Achill, wenn sein göttliches Pferd mit den Nüstern nahe am Erdboden spricht und seinem Herrn verkündet, daß auch er ein kurzes Schicksal haben wird. »Macht nichts, auch dafür werde ich mich rächen.« Aber noch besser; über diese gereizte Kraft gießt die Vernunft ihre kalte Klarheit aus. Dieser Blick auf das Schicksal ist das, was einen niederwirft. Wesentliche Tragödie, Mutter aller Tragödien.

Das ist nur einmal gesagt worden. Die Lektion war noch frisch, lebendig, den Geistern vor Augen, als Sokrates seinen Kopf schüttelte und sagte, daß die Macht zu töten, die man am Tyrannen bewundert, nichts Großartiges sei, daß sie vielmehr einer Art Wahnsinn gleiche. Was gibt es Mächtigeres als einen Wahnsinnigen? Dennoch nein. Wer begehrte schon alle Güter der Welt, wenn er hinnehmen müßte, daß er wahnsinnig würde? Also, beherrsche dich zunächst einmal gemäß dem Frieden. Diese Bemerkung war der Anfang einer Weisheit, die die christliche Revolution entwickelt hat. Aber lassen wir uns auch nicht abbringen von dieser großen Idee, wonach das Heil des einzelnen den Frieden aller Menschen sichert. Wohingegen diese großen Gesellschaftskörper mit dem kleinen Kopf noch dabei sind, das Zucken ihrer eigenen Eingeweide wie Orakel zu befragen, und durch eine Vernunft, die immer nur das Schlimmste voraussieht, ihr größtes Unglück bewirken, indem sie hellseherisch verkünden, daß sie sogleich wahnsinnig und verzweifelt sein werden. Was jedoch nicht möglich wäre, wenn jeder sich dieser Art von Wahnsinn verweigerte.

20. Mai 1927

## *Die wahre Menschenkenntnis*

Es gibt eine Menschenkenntnis, die nichts taugt, weil sie nichts faßt; es ist die böswillige Kenntnis dessen, was fehlt, dessen, was nicht ist; das heißt ins Leere greifen. Die List bahnt sich Wege in dieser Leere um den Menschen herum; aber niemals begegnet ein Mensch dieser List, streift sie oder stößt auf sie, sie ist ein Schatten, der auf Schatten Jagd macht. Denn nicht durch das, was ihm fehlt, handelt der Mensch und kommt voran, sondern durch sein wirkliches Wesen. Wer sich daran hält, erhält etwas anderes als ein Phantom. So ist der wahre Freund; so ist der treue Angestellte. Solche Bande zerreißen nie; sie bilden die Gemeinschaften und Vereinigungen. Die Böswilligen wundern sich darüber, zu sehen, daß derjenige, der sich emporarbeitet, Einfluß gewinnt, sich bereichert, immer denjenigen nach sich zieht, der an ihn geglaubt hat.

Diese positive Idee, die man sich von einem Menschen bildet, ist eine Idee im eigentlichen Sinne; denn niemand ist ganz und gar Mensch. Wenn man sich sagt: »Schließlich bin ich ein Mensch«, dann will das sagen, daß man es nicht genügend ist. Wenn einem je auf dieser Welt geholfen wird, dann durch einen anderen, der auf dieses wirkliche Wesen achtgibt, das niemals genügend es selbst ist. Oft fühlt sich der Mensch erhoben durch den Ehrgeiz seiner Freunde. Er selbst ist bescheiden und erhofft sich nicht viel. Sie aber behaupten, ihn besser zu kennen, als er sich kennt, und zeigen Ehrgeiz für ihren Freund. Glücklich, wer so von wahren Freunden getragen wird! So eine Verbindung ist ganz wahrscheinlich, und man wird von ihr eine Spur in unseren armseligen Verschwörungen finden, die ihr Ziel nicht verfehlen, weil der Chef seinem Schicksal nicht gewachsen ist oder weil er nicht den Mut hat, an seine Freunde zu glauben. Man würde dasselbe in den Unternehmungen und Geschicken feststellen, wenn man nur genauer hinsähe. Und wie es Treue zu sich selbst ist, wenn man auf diesen Menschen in sich achtet, der ein Mensch sein möchte, ist es auch Treue zu den anderen, wenn man in ihnen den Menschen erkennt. Es gibt also eine gewisse Art des Erkennens, die dadurch Verrat ist, daß sie den Menschen seiner Substanz beraubt. Und das erkennt man sofort, ebenso wie man in dieser Leere nicht atmen kann. So können denn die Böswilligen nie an einem Glück teilhaben.

Es ist sehr weise zu sagen, daß man sich an die Macht klammern muß wie an eine Boje, die obenauf schwimmt; aber Vorsicht; man muß sich in der Tat an die Macht anschließen, nicht aber an die Ohnmacht der Mächtigen, die nichts ist. Das treue Urteil, das einzige, das verbindet, ist dasjenige, das klar erkennt, wodurch jemand mächtig ist, wodurch er jemand ist, wodurch er Mensch ist. Das heißt, wie man sagt, Ehrgeiz für ihn zeigen, aber wirklichen Ehrgeiz. Ich höre oft ganz andere Reden: »Ich rechne mit ihm, ich werde durch ihn vorankommen, ich kenne ihn gut. Er ist schwach, und er ist launisch; er zögert und ist träge; er verschiebt die Arbeit auf den nächsten Tag; er fürchtet die Meinung der anderen. Ich kenne ihn, also habe ich ihn fest in der Hand.« Du hast ihn fest in der Hand, aber du hast nichts. Und er selbst empfindet deine Gegenwart gar nicht. Der Mensch bedarf sehr des Menschen.

Durch dieses Urteil des Menschen, das den Menschen sucht, sind sie beide gleich, ohne jede Gewogenheit oder vielmehr durch jene wahre Gewogenheit, durch diese Erhebung in den Rang des Menschen. Zweifellos ging Napoleon geradewegs auf das Wesen eines jeden zu; das war seine Art; mit dem Nichtsein hatte er nichts zu tun. Dieser Blick schuf Helden. Der Mensch, der Ihr Büro ausfegt, ist auch ein Held; aber man muß den Helden suchen; man muß ihn finden wollen; man muß den Schein abkratzen, seinesgleichen suchen und auch in sich selbst seinesgleichen suchen. Das entscheidende Wort des Chefs ist auch das des Untergeordneten: »Was kann ich mit ihm anfangen?« Was darauf hinausläuft zu sagen: »Was ist sein Wesen?« Ein Schatten, wenn du willst; ein Mensch, wenn du willst. Mißtrauen hat immer seine Gründe, denn jeder Mensch spielt das Spiel, zu dem man ihn einlädt. Aber wenn man redlich hinschaute, würde man auch sehen, daß das Vertrauen, das ich ausspreche, niemals enttäuscht wird. Ich habe soeben von der Gutgläubigkeit gesprochen, die der Glaube selber ist; und eben der fehlt. Die Böswilligkeit sagt es noch besser; denn dadurch, daß man überall und in allen ans Böse glaubt, ist man von vornherein ungerecht; Betrügereien sind die Folge dieses ersten Irrtums, denn es muß so sein, daß man sich selbst auf das Niveau herabläßt, auf das man die anderen gestellt hat. Und ohne Zweifel muß man den anderen vertrauen, wenn man von sich selbst eine gute Meinung bewahren will.

21. Januar 1928

## *Dämmrige Gedanken*

Ich bin nicht neugierig darauf zu wissen, was Hunde, Katzen, Ochsen oder Hasen denken. Ich verstehe wohl, was man mir sagt – das trifft man überall an, das bildet einen Gemeinplatz –, daß ich selbst, daß wir alle, wir, die Menschen, diese Gedanken haben, auf die wir kaum achtgeben, diese zwielichtigen oder dämmerigen Gedanken wie etwa diese fast mechanische Sorge, mich aufrecht zu halten oder meine Feder nach der Orthographie zu richten; und zuweilen entdecke ich, daß ich an etwas dachte wie an ein Lied, das ich summe, ohne es wahrzunehmen; und dieser Gedanke ist dennoch etwas für mich; und dieses rötliche Blattwerk, das ich sehe, während ich schreibe, ohne hinauszuschauen, es ist dennoch etwas in der Färbung meiner Gedanken. Man kann das auf die Spitze treiben, sosehr man es vermag, und eine Art Fransen oder Halbschatten beschreiben um seine hauptsächlichen Gedanken herum, die das Zentrum des Bildes ausmachen. Und da es diese dämmerigen Gedanken gibt, die kaum Gedanken sind, sind aller Wahrscheinlichkeit nach Hunde, Katzen, Ochsen, Hasen mit ihnen beschäftigt. Halbschlaf und fast Traum. Der ermüdete Mensch, der im Begriff ist einzuschlafen, kennt solche Gedanken; er ist in diesen Augenblicken Hund oder Katze. Wonach man unendliche Abstufungen in der Natur ersinnt und unendliche Schichten in uns: Bewußtsein, Unterbewußtsein, Unbewußtsein; und diese letzteren Schichten, die dunkelsten, führen sogar dahin, daß man sagt, man könne Gedanken haben, ohne zu wissen, daß man sie hat, lieben, ohne zu wissen, daß man liebt, hassen und schaden wollen, ohne zu wissen, daß man haßt und daß man schaden will. Das ist sehr erregend und macht viel Eindruck sogar auf schwache Geister, denen man Abgründe von Absichten und Vorhaben enthüllt. Ich habe mehr als einmal Goldwäger, die ich für fähig hielt, gebeten, all dieses Falschgeld deutlich erklingen zu lassen; aber sie haben es nicht gewagt. Das Unbewußte gehört zum Zeremoniell, wie der schwarze Anzug, wenn man in der Stadt essen geht.

Es bedarf jedoch einer strengen Exaktheit in diesen Dingen, oder man darf sich erst gar nicht darauf einlassen. Man mag die Frage wenden, wie man will, das schwache oder verschwommene Bewußtsein ist eine Tatsache der wachesten Aufmerksamkeit. Wie das Licht einer Laterne um das Zentrum herum, das es erhellt, andere Schatten und so etwas wie Skizzen von Menschen und Dingen sehen läßt, so entdeckt der Mensch, der nachdenkt, in sich Gedanken aus dem Augenwinkel heraus, wenn ich so sagen darf, und zieht sie sogar ein wenig ans Licht, und zieht es dann vor, sie alsbald wieder in ihren ursprünglichen Zustand zu versetzen. Aber ich ertappe ihn hier auf frischer Tat; diese fast larvenhaften Gedanken bildet er selbst, der funkelnde Denker. Und es ist ein großer Sophismus, den ich ihm vorhalten möchte, wenn er lehrt, daß diese Gedanken, wenn das zentrale Licht fehlt, noch Gedanken sind, die leben und sich aus sich selbst und für sich entwickeln wie seltsame Tiere. Das ist, als wollte man sagen, daß die Gestalten, die man um die Laterne herum undeutlich wahrgenommen hat, dieses flüchtige Licht für sich bewahren wie ein Phosphoreszieren, wenn die Laterne erloschen ist.

Die andere Partei, zu der Descartes gehört, der wenig Nachfolge gefunden hat, der sich wenig darum gekümmert hat, daß man ihm nachfolgt, diese andere Partei entscheidet nach dieser Ansicht, daß ein Gedanke, der nicht mit vollem Bewußtsein herausgebildet ist, überhaupt kein Gedanke ist. Wenn ich zum Beispiel nicht mehr darauf achte, daß die Summe von zwei und drei dieselbe ist wie vier und eins, so ist das nur noch ein bloßes Zeichen und ein mechanisches Wort, also eine Bewegung des Körpers, die sagt: »Drei und zwei sind fünf.« Und behaupten, daß ich noch Zahlen bilde, wenn ich das sage, ohne daran zu denken, ist so, als wenn man sagte, daß die Rechenmaschine, die beim Kaufmann steht, auch Zahlen in ihrem Inneren bildet. Folgen Sie also diesem Gedanken; erhellen Sie die Irrtümer, die Dummheiten, die Leidenschaften, die Torheiten des Menschen von dieser Seite. Wer nur Träume hat, hat überhaupt keine Träume, und wer nur halb denkt, denkt überhaupt nicht. Tut mir sehr leid; aber unterhalten Sie sich nicht mit Ihrer Katze.

Was in der Unterhaltung der Katze fehlt, ist ganz genau die wirkliche Zahl, die sie ebensowenig bildet wie die Rechenmaschine. Das Denken wird durch das Höhere erhellt, und die Feinheiten der Arithmetik sind das, was die Unterhaltung zwischen Kassierer und Platzanweiser trägt. Gedanken werden im menschlichen Geist erkannt, wie Malebranche sie alle in Gott annahm. Diese Formeln sind gleichbedeutend, und deshalb, weil man das vermutet, hat der Mensch Geist.

20. November 1928

## *Das Wort*

Wenn die Sprache in erster Linie die Aufgabe hätte, die Dinge zu beschreiben, dann wäre die Kunst des Überzeugens eine Art Arithmetik; denn die Dinge korrigieren uns beständig und zuverlässig. Daher sieht man, daß die Werke der stummen Technik zu allen Zeiten Wunderwerke sind; so der Bogen, die Mühle, das Segel. Aber sobald zwei Menschen miteinander sprechen, sind die Dinge vergessen. Die Sprache ist Geste und Schrei; sie ähnelt den Menschen, nicht den Dingen. Fliehen ist eine energische Sprache, die zunächst überredet, ohne daß man wüßte wozu. Schlagen ist eine energische Sprache, die sogleich Verteidigung und Gegenschlag auslöst. In beiden Fällen sind Handeln, Antworten, Begreifen ein und dasselbe. Was die wirkliche Gefahr betrifft oder die wirkliche Ursache des Kampfes, wer denkt schon zunächst daran? Das Zeichen läßt als erstes den Menschen erkennen und die Sache nur indirekt, und zwar durch den Menschen, durch die Form des Menschen. In unseren alltäglichen Reden kürzen wir die ursprüngliche Sprache ab; aber wir bewahren immer noch genug von der Geste und vom Schrei; eine Rede greift an, erschreckt, beruhigt durch andere Mittel als durch Vernunftgründe; die Dinge werden vergessen, leicht vergessen, immer zu sehr vergessen. Die Versammlung ist ein Mittel des Glaubens, nicht aber ein Instrument des Wissens.

Wenn der Mensch zunächst auf die Sache zugeht, erkennt er sofort an ihr, worauf es ankommt; ob er wild oder zivilisiert ist, das spielt keine Rolle. Der Mensch ist als Jäger wunderbar geschickt, genau, mächtig zu allen Zeiten und in allen Ländern. Aber wenn der Mensch zunächst auf den Menschen zugeht, um zu wissen, was er von der Sache denken soll, dann können wir uns auf maßlose Irrtümer gefaßt machen. Ob er wild oder zivilisiert ist, das spielt keine Rolle. Diejenigen, die in panischem Schrecken gemeinsam fliehen, bilden, wenn man so sagen darf, eine Art Versammlung, die einmütig glaubt. Aber was glaubt? Ganz gleich was, und keiner kümmert sich darum. Jedoch, die stillen und feierlichen Versammlungen denken in ihrer Ruhe etwa das gleiche wie die anderen in ihrem törichten Lauf.

In beiden Fällen paßt sich der Mensch dem Menschen an, ahmt er den Menschen nach, und die Sache wird vergessen. Daß eine Versammlung entscheidet, daß die Erde sich nicht dreht, ist leicht zu erklären. Denn ob die Erde sich dreht oder nicht, ist nichts, was man in einem Augenblick sehen könnte, selbst wenn man hinschaute. Da man nicht darauf schaut, sondern auf den Menschen, ist es in allen Ländern geschehen, daß Versammlungen gegen die einfachste, gewöhnlichste, leichteste Erfahrung entschieden haben. Die Technik des Jägers, des Seemanns, des Schmieds wurde stets in der Einsamkeit gefunden, ohne Sprache, ohne Mythologie und in völliger Vollendung. Aber was man von dieser selben Welt, in der man jagt, in der man segelt, in der man schmiedet, denken sollte, das wurde in der Versammlung entschieden. So hatte derselbe Mensch stets ein Gepäck von Ansichten ohne Worte, die sehr weise, und ein Gepäck von ausgesprochenen Ansichten, die sehr töricht waren.

Der allmähliche Fortschritt bestand darin, vorsichtig die ausgesprochenen Ansichten wiederaufzunehmen und sie an die Dinge heranzutragen; und das war nicht einfach; denn man mußte mißfallen; man mußte die Übereinstimmung entzweien. Schriften bewirkten dabei mehr als gesprochene Worte. Die Schriften, diese wunderbare Erfindung, die zunächst dazu da war, die Dogmen der Versammlung zu fixieren, wurden das, was die Versammlung spaltete. Und von wie vielen törichten Schrecken, von wie vielen blinden Meinungen sind wir durch diese Schriften ohne Gesicht befreit worden! Und dennoch haben wir immer noch denselben Körper, dieselben Gesten, dieselben Leidenschaften. Dieser menschliche Körper hält uns immer noch zusammen. Daher sind wir, wenn wir zur Versammlung gehen, um zu wissen, was wir denken sollen, immer noch wild und fanatisch und sicher, ohne daß wir recht wüßten wessen. Leviathan ist nicht klüger geworden. Ja, alle zusammen sind wir eingenäht in die Haut einer blinden Schlange.

Februar 1929

## *Mitteilen*

Es gibt eine Unfähigkeit, etwas mitzuteilen, die gleichsam eine Plumpheit des Verstandes ist. Diese Art Krankheit bewirkt, daß man daran zweifelt, verstanden zu werden, und daß man sich zunächst vergewissern möchte, daß man recht verstanden wird. Diese erklärende Manie ist eine Art ständiger Beleidigung. Man scheint dem Zuhörer oder Leser in einer Fülle von Parenthesen zu sagen: »Das ist sehr schwierig; ich glaube nicht, daß Sie das verstehen werden; ich tue mein Bestes, aber ich sehe die Mauer, die uns trennt; ich stoße mich an dieser Mauer, die uns unterscheidet.« Dieser Hintergedanke beim Reden wird sehr gut verstanden; und das verwandelt den Zuhörer oder Leser mit Sicherheit in eine Art Mauer. Nichts dringt hindurch. Ich habe glücklose Redner gekannt, die ein und dasselbe ständig wiederholten und so mit jedem Mal das Hindernis verstärkten. Es stimmt, daß die Menschen verschieden und einander unbegreiflich sind; das ist sehr wahr, sobald man es glaubt. Intelligenz bedarf einer festen Freundschaft. »Die Intelligenz muß dem Glauben folgen.« Dieses Wort, das so viel zitiert wurde, hat mehr als eine Bedeutung. Von allen Bedeutungen gelangt eine ans Ziel, die anderen stolpern. Und wenn man nicht von vornherein glaubt, daß es eine gute Bedeutung dieses Wortes gibt, wird man sie nicht finden. Aber wer soll da den Anfang machen? Wer soll den ungeheuren Kredit vergeben? Es ist der Stärkere, der den Kredit vergeben muß. Es ist der Weisere, der den Kredit vergeben muß. Es ist wahr, daß derjenige, der sich bilden will, zunächst glauben muß, daß er lernen kann; aber es ist noch nötiger, daß derjenige, der unterrichten will, glauben muß, daß er unterrichten kann. Der gewisse Blick, der ganz lieblos ist und besagt, daß der Zuhörer ein Dummkopf ist, ist es, der dumm macht.

Durch diesen gewissen Blick sind sie beide Dummköpfe. Ich hege keine große Meinung von diesen gefürchteten Leuten, die diejenigen, zu denen sie sprechen, in Salzsäulen verwandeln. Keiner denkt für sich allein; das geht gar nicht. Der geringste Gedanke, selbst der, den man in der Einsamkeit für sich hervorbringt, ist für alle und erhält die Zustimmung wie ein Echo, wie eine Resonanz. Diese Arena von Menschen ist der Ort des Beweises. Er braucht eine Weite des Geistes, eine Welt des Einverständnisses, einen riesigen Versuchssaal. Die Unverstandenen drücken sich glücklos aus; sie denken ganz leise; sie denken kaum. Mit Verachtung denken heißt nicht denken.

Das Universelle ist der Ort der Gedanken. Ich denke für alle. Der erstbeste ist ein guter Zeuge. Ich wähle nicht aus; die Anzeichen der Begriffsstutzigkeit, der Ablehnung, der unüberwindlichen Gleichgültigkeit sehe ich nicht. Ich suche weder den Zugang noch die schwache Stelle noch das, was den störrischen Dummkopf verführen könnte. So macht es der Advokat, der Geschäftsmann, der Intrigant; aber das heißt nicht denken; auf diese starken Mittel antworten immer nur armselige Gedanken, und schlimmer noch als armselige. Ich bewundere dieses Werben in den stillen Winkeln, diese belagernde Überredung; aber der Gedanke, der folgt, ist immer klein und armselig. Wohingegen die Kraft des Mitteilens immer großen Raum einnimmt und Schwung besitzt; sie durchdringt mich wie eine Kugel. Ich habe keine Zeit, in Verteidigungsstellung zu gehen, nicht mal die Zeit, Mißtrauen zu hegen; ich denke nicht einmal daran. Haben Sie diese große Höflichkeit des Genies beachtet, das zu mir wie zu einem Bruder spricht und wie zu seinesgleichen? Es kennt mich nicht; es hat mich nie gesehen. Ich schlage sein Buch auf: und schon ist es bei mir. Und zwar so, wie es ist, nicht wie ich bin; aber es denkt nicht daran, und ich denke nicht daran; vielmehr sind wir zusammen im Haus des Menschen. Ob dunkel oder klar, alles wird aufgenommen; und so muß es sein. Es heißt nicht mitteilen, wenn man nur das mitteilt, was klar ist. Diese Auswahl ist beleidigend. Und daher kommt es, daß das, was kindgerecht ist, das Kind niemals berührt. Auch ich bin Kind. Ich brauche einen Autor, der an mich ebenso glaubt wie an sich selbst. Mindestens ebenso. Im Genieblitz liegt eine große Hoffnung; fast alles ist darin dem Leser überlassen. Ich liebe den Dichter, weil er dieses Risiko auf sich nimmt; das ist seine Aufgabe als Dichter. Die Kraft des Mitteilens, die, wie ich glaube, das Genie ausmacht, geht hier allem voran. Aber außerhalb dieser großen Resonanz, die ihm der Beifall zuwirft, kann es sein, daß der Dichter eine mutlose Prosa an den Tag legt.

20. Juni 1929

## *Technik und Wissenschaft*

Es gibt keine Technik, wenn es nicht Werkzeug, Instrument oder Maschine gibt; aber diese Gegenstände, die man herstellt, um das Tun zu regulieren, und die gleichsam verfestigte Methoden sind, machen noch nicht die Technik aus, die eine Weise des Denkens ist. Ein Arbeiter, der sich durch Gegenstand, Gewohnheit und Werkzeug leiten läßt, ist noch kein Techniker. Ein Techniker übt das höchste und bestgeordnete Denken aus; ein Techniker entdeckt, reflektiert, erfindet; nur hat sein Denken keinen anderen Gegenstand als das Tun selbst. Er hört nie auf, etwas zu erproben. Alle seine Ideen sind auf das Tun gerichtet.

Man sagt gern, daß die Erfahrung über alles entscheidet; und das ist wahr; aber das ist zu weit hergeholt, als daß man damit die Unterschiede in dieser Menge der Menschen, die erfinden, bestimmen könnte. Der Arbeiter hängt an der Erfahrung; er verliert niemals den Kontakt mit ihr; aber auch der Theoretiker, und zwar auf seine Weise; und der Techniker steht zwischen diesen beiden Extremen. Soweit man weiß, war Palissy Emailarbeiter; aber kein bloßer Arbeiter, denn er suchte. Das Eigentümliche des Arbeiters besteht darin, daß er erfindet, ohne zu suchen, und vielleicht darin, daß er das Suchen verschmäht. Gelenkt vom Gegenstand, von dem unveränderlichen Werkzeug, von der Tradition, vertraut er sich niemals dem an, was neu ist; er erfindet durch Veränderungen, die ihm selbst unbewußt sind. Das Kanu, das Segel, der

Bogen, die Windmühle, der Ackerbau, die Kochkunst, die Kunst, Tiere zu dressieren und abzurichten, verdanken wir dieser strengen und vorsichtigen Praxis über eine große Zeitdauer hinweg, vom Meister zum Lehrling und, noch früher, vom Vater zum Sohn. Die Kunst des Geigenbaus ist eine von denen, an der man einen ganz allmählichen Fortschritt durch bloße Nachahmung bewundern kann. Hier mischt sich die Technik allerdings ein, und man versucht, Cellotöne zu produzieren ohne Cello. Dem ganz entgegengesetzt analysiert Helmholtz die Klänge und lehrt uns, aus welchen harmonischen Tönen sich die Vokale zusammensetzen. Alle folgen der Erfahrung und befragen den Gegenstand. Der erstere folgt bekannten Verfahren; der zweite erfindet Verfahren; der dritte sucht zu begreifen, das heißt, seine eigenen Ideen zu entwirren. Was gewinnt man durch Begreifen? Vielleicht ganz einfach, daß man sich nicht mehr fürchtet. Lukrez sagte, nach Epikur, daß ihm wenig daran liege, zwischen dieser oder jener Auffassung der Sonnenfinsternis zu wählen, vorausgesetzt, man lasse die Götter aus dem Spiel. Ich beschränke mich darauf, hier an die ungeheure Idee Comtes zu erinnern, wonach die Wissenschaft aus einer gereinigten Theologie hervorgegangen ist und nicht aus der Technik. Diese Idee steht zur Diskussion; aber auf jeden Fall erhellt sie das Thema.

In Dingen der Seele wie Leidenschaften, Gefühl, Fähigkeiten, Charakter, Tugenden, Lastern findet man auch Arbeiter, Techniker und Wissenschaftler. Monsieur de Sacy, der berühmte Direktor, war so etwas wie ein Arbeiter; der Inspektor der Sûreté ebenfalls.

Saint-Cyran und Sherlock Holmes sind eher Techniker. Descartes ist Wissenschaftler in den Leidenschaften. Der Arbeiter geht mit dem Menschen gemäß der Tradition um und erwirbt Geschicklichkeit, ohne es zu wollen. Der Techniker wagt mehr, er schüttelt, wenn ich so sagen darf, den Menschen auf verschiedene Weise; der Wissenschaftler sucht nur, sich seine eigenen Leidenschaften vorzustellen als Regungen, die nicht absurd sind; und auf diese Weise begreift Descartes, daß Liebe gut ist für die Gesundheit und Haß dagegen sehr schlecht. Dieser dritte Weg wird nicht genügend begangen. Man gewinnt nicht viel dabei, wenn man auf die Leidenschaften einwirkt, wie man schweißen würde oder wie man den Kondensator in der drahtlosen Telegraphie handhabt. Wohingegen Spinoza den entscheidenden Punkt getroffen hat, indem er sagt: »Eine Leidenschaft hört auf, eine Leidenschaft zu sein, sobald wir eine klare und distinkte Idee von ihr bilden.« So wie es auch Arbeiter in der Astronomie gibt wie die Ägypter, die durch lange Zeit hindurch geführte Aufzeichnungen dahin gelangten, Sonnenfinsternisse vorauszusagen, und Wissenschaftler in der Astronomie, die sich sooft wie möglich erklärende Ideen von den Erscheinungen des Himmels machen, so möchte ich auch sagen, daß es Arbeiter in der Psychologie gibt, Techniker der Psychologie und vereinzelt Wissenschaftler, die in dieser schwierigen Materie kostbarer und hilfreicher sind als in jeder anderen.

Was ist ein psychologischer Wissenschaftler? Descartes gibt uns die beste Vorstellung davon. Er vereinigt die Kontemplation mit der strengsten Bindung an die Natur. In jeder Wissenschaft gibt es ein kontinuierliches Studium der Erfahrung; es ist gut zu sehen, wie sich die Unterschiede definieren, wie die Forschung sich orientiert und wie es geschieht, daß die stolze Technik nicht alles beherrscht hat. Weil nämlich die geometrischen und mechanischen Formen viel leichter sind als Werkzeuge. Es sind Schatten, die die Erfahrung begrenzen; man sieht sie kaum; man tauscht sie aus je nach dem Ereignis, ohne daß die geometrische Strenge jemals nachgäbe. Landvermessung ist nicht weniger gewissenhaft in sumpfigem Gelände.

20. August 1930

## *Zwei Arten von Schriftstellern*

In der riesigen Gattung derer, die schreiben, möchte ich zwei Arten unterscheiden, von denen eine sich der Welt nicht ganz sicher ist; denn, so sagen sie, ich kenne genau genommen nur mich selbst und meine eigenen Träumereien; die anderen Menschen sind zunächst nur in mir; die Dinge sind zunächst nur in mir. Das sind spitzfindige Reden, die nicht über die Rampe kommen; und das ist sehr leicht gesagt, denn sie bemühen sich zu beweisen, daß man nicht über die Rampe kommen kann. Der Schauspieler spricht zu den Schatten in sich selbst; er spielt seine Rolle für sich. Der durchschnittliche Zuschauer nimmt kein Band mehr wahr zwischen dieser Art von Gedanken und seinen eigenen Angelegenheiten, die so fest an die wirklichen Dinge geknüpft sind. Selbst wenn ich in diesen Träumern, die in sich verschlossen sind – seien es Romanciers, Dichter oder Politiker –, Ideen, Gefühle oder die Kunst zu schreiben oder zu sprechen finde, stelle ich fest, daß die Wirkungskraft fehlt und daß sie mit den Beinen nicht auf der Erde stehen.

Die Starken dagegen, die zu der anderen Art gehören, sind zunächst einmal in der Welt; ihre Gedanken sind Früchte der Erde. Der Himmel, die Erde, die Jahreszeit, die Nähe und die Ferne, und zwar gemäß der Ordnung dieser unüberwindlichen Dinge, all das ist ihnen gegenwärtig. Wie von einem Wachtposten aus bilden sie hier und jetzt ewige Ideen, aber aus Begegnung und von der Begegnung gezeichnet. Der wahre

Dichter ist, wie Goethe wußte, ganz Gelegenheitsdichter; und verstehen Sie dieses Wort in seinem vollen Sinn, nämlich als kosmische Situation, die wir weder gemacht noch gewollt noch vorhergesehen haben und die uns hält. Sie hält alle Menschen, werden Sie sagen; aber Träumer werden nur durch den Magen gehalten; man muß aber durch das Denken gehalten werden. Die Welt denken und nichts anderes denken, das ist die verborgenste Regel. Das Genie entscheidet hier, statt zu diskutieren.

Man kann diskutieren, und man gewinnt sogar schließlich, selbst gegen Berkeley und seine zahllosen Schüler, die glauben, bewiesen zu haben, daß jeder von uns im Gefängnis seiner eigenen Gedanken steckt wie auch in seinen eigenen Eindrücken. Aber damit verliert man seine Zeit. Ich ertappe lieber auf frischer Tat, und zwar in mir selbst, diese seltsame Methode, die das Dasein beweisen möchte, statt darauf zuzugehen und zu sehen, was es damit auf sich hat. Methode eines Narren; der Narr räsoniert sehr gut und beweist sich, daß seine Feinde sich an dem und dem Tage versammelt und dies und das gesagt haben, denn der Narr ist sogar der Worte sicher. Nur ist es nichts damit; so ist es nicht. Lachen Sie nicht zu schnell über den Narren; alle, die von Leidenschaften beherrscht werden, erfinden die Tatsache; sie beweisen sich, daß die Situation so oder so ist. Wir unterliegen alle dieser Manie, zu erahnen, was ist, statt festzustellen. Nun, welche Chance bietet sich, daß unsere kleine Überlegung mit dem großen Würfelwurf jeden Augenblicks zusammenfiele, den das Universum uns vor die Füße wirft? Immer wieder sagen die Politiker voraus; und eine der mächtigsten Leidenschaften, die in allen übrigen verborgen ist, bringt uns dahin, daß wir es bewundern und lieben, wenn sich eine Voraussage erfüllt. Man sagt eine Sonnenfinsternis fast auf die Sekunde voraus; aber das sollte uns nicht den Kopf verdrehen; denn ob Wolken aufziehen oder nicht, das kann man nicht zwei Stunden im voraus sagen. Noch mehr lassen uns die Propheten in der Politik und bei den Finanzen lachen. Lassen uns lachen, wenn wir genau hinschauen; aber es ist wahr, daß man zu einer Art prophetischer Geschichte kommt, die vielleicht die Geschichte ist, wenn man das Ereignis und die Voraussage ein wenig ändert.

Unsere menschliche Beschaffenheit erlaubt uns eine solche Sicherheit nicht, nicht einmal hinsichtlich des Unglücks, sondern die Ereignisse sind eher wie die Wellen des Meeres; und der geschickte Steuermann manövriert auf dem Ereignis. In der Ausübung seiner eigenen Kunst bemühte Napoleon sich sogar, wie er zu verstehen gibt, das verführerische Mittel des Voraussehens direkt zu negieren, indem er sich sagte: »Das ist wahrscheinlich, und das gefällt mir; also ist es falsch.« Diese Vorkehrung läuft darauf hinaus, in der Welt zu sein und zu wissen, was das heißt, die Welt. Und am anderen Ende findet sich die Methode der Träumer, die immer versucht, uns von der Überlegung zum Ereignis zu führen. Alle Träumer ähneln sich, denn das heißt immer, die Welt beweisen wollen.

1. September 1930

# *Die natürliche Sprache*

Wer lacht, bringt andere zum Lachen. Wer weint, bringt andere zum Weinen. Wer Angst hat, verbreitet Angst. Diese so einfachen, so bekannten, so mächtigen Wirkungen hängen vom Nachahmungstrieb ab, der physiologisch ist. Ein Mensch, der Anzeichen der Angst äußert, läßt mich selbst ängstlich werden. Ich habe diese Zeichen allein dadurch begriffen, daß ich sie zurückgebe; aber um welche Gefahr es sich handelt, ob es Feuer oder Wasser ist, Mensch oder Tier, das weiß ich noch nicht; ich nehme zunächst an den Zeichen teil und gleichzeitig an der seelischen Regung. Auf jeden Fall ist das Handeln das erste, denn es versetzt mich in Erregung. In einer Panik ist Fliehen das erste, was ich tue. So ahme ich zunächst nach und gebe die Zeichen weiter, ohne zu wissen, wovon sie Zeichen sind, und sogar ohne zu wissen, daß ich etwas empfinde. Aus dem schwebenden oder abgekürzten Zeichen mache ich dann Emotion, Suche, Erkenntnis. Auf diesem Umweg, der ohne Ende ist, bedeutet das Zeichen Gefühl und Vorstellung. Wir hören nie auf zu verstehen, was wir sagen.

Das Wort Gott wartet immer noch darauf, daß man es erklärt. Ich sage, daß ein Schauspiel erhaben ist; ich fühle, daß ich etwas sage. Aber was? Golgatha ist ein großartiges Zeichen und wird zutiefst empfunden. Aber Zeichen wovon? Der Halbmond ist eine weitere Sphinx. Noch näher und vertrauter ist uns das Wort Schrecken, weit davon entfernt, seinen ganzen Inhalt preiszugeben. Abscheu sagt alles und sagt nichts; aber hier ist die Physiologie sehr beredt; ich fühle in mir eine Abwehr wie ein Igel; ich habe in dem Sinne begriffen, daß ich auf dem rechten Wege bin. Die Dichter verfügen über diese Kunst, mich durch das Zeichen physiologisch vorzubereiten; dadurch finden sie die Kraft der Sprache wieder, die immer mehr sagt, als sie weiß. Es gelingt uns fast nie, Prosa zu sprechen; nur wer Algebra betreibt, weiß meines Erachtens vollkommen, was er sagt; und dennoch bin ich mir dessen nicht ganz sicher, es zeigen sich nämlich unvorhergesehene Abgründe in diesen so sehr gereinigten Zeichen. Comte, der hierin unbestrittener Meister ist, weist gern darauf hin, daß die Erfindung der algebraischen Zeichen in ihrem blinden Tasten die Sprache der Ammen nachahmt.

Es ist also nicht so wichtig, wie man glauben möchte, daß man zunächst weiß, was man sagen will, wenn man in einer wenig vertrauten Sprache sprechen will. Dieser Schritt, der darin besteht, in die Sprache des anderen zu übersetzen, was man sich zunächst in seiner eigenen Sprache gesagt hat, dieser Schritt ist nicht natürlich. Es ist jedenfalls nicht der des Kindes, das von seiner Mutter lernt; es spricht zunächst, und es braucht ein ganzes Leben, um zu wissen, was es sagt. Es hat als erstes nicht Gedanken, die es in der Folge mitteilt; es findet vielmehr seine Gedanken in seiner eigenen Sprache, über die es sich wundert.

Die wahre Methode? Nach all dem bestünde sie darin, Englisch oder Deutsch zu sprechen, ohne zu wissen, was man sagt. Das ist gar nicht so seltsam.

Höflichkeiten, Interjektionen, Partikel sind Zeichen, die man verwendet, ohne sie je recht zu begreifen. Man kann guten Tag sagen, ohne daran zu denken, daß das ein Wunsch ist, der sich auf gutes Wetter, gute Laune, viel Erfolg bezieht. Der erste Sinn dieses Wortes, derjenige, der alle weiteren trägt, geht aus offener, wohlwollender, vertrauender, gastfreundlicher Miene hervor, dem also, was die Aussprache sichert. Und was mir Nützliches dazu einfällt, ist, daß es auf die Aussprache oder, wenn Sie wollen, den Akzent ankommt, wenn man dann in einem englischen Satz englische Gedanken entdecken will. Man darf nicht vergessen, daß die Sprache kraftvolle und wichtige Organe betrifft, unter denen in erster Linie die Kinnbacken, die Lunge und der Kehlkopf sind. Ein Wort kann also nur hervorgebracht werden durch eine entscheidende Formveränderung, die vor allem das Gesicht betrifft. So muß man denn, um englisch zu sprechen, den englischen Gesichtsausdruck nachahmen und sozusagen englische Leidenschaften annehmen. Und der Fehler, den ich gut kenne, weil ich ihn immer wieder mache, besteht darin, englische Worte zu suchen, um eine französische Idee auszudrücken. Man müßte also eine fremde Sprache lernen, ohne je innerlich mitzuübersetzen oder, anders gesagt, englisch sprechen, ohne französisch zu verstehen, was man englisch sagt. Ich weiß, daß einem das gelingt; und die griechischen Philosophen verstehen sich darauf, uns griechisch denken zu lehren. Aber was für ein Fortschritt, wenn ich mit der Art und Weise hätte beginnen können, mit der Sokrates seine Worte auf der Zunge wog! Das hieße, mir Griechisch zunächst aus dem Gefühl heraus beizubringen; das hieße, die Ideen eines Griechen jener Zeit an der Wurzel zu packen; und beachten Sie, daß diese Metapher mehr sagt, als ich wollte. Die Schwierigkeit liegt darin, in einer Sprache zu dieser Art von Glück zu gelangen. Im Griechischen ist das schwierig; und das ist der Vorteil eines Kindes, das Englisch spricht, als würde es den Gesang eines Vogels nachahmen.

15. Oktober 1930

## *Höflichkeit*

Höflichkeit ist ein großes Geheimnis. Sie ist vielleicht die Kunst der Zeichen ohne jeden Gedanken. Zu grüßen wissen, das schließt vielleicht gar nicht ein, daß man weiß, was der Gruß bedeutet. Unhöflichkeit besteht darin, dem Gruß einen Sinn zu geben. Das Leiden des Ängstlichen kommt vor allem daher, daß er sich bei der kleinsten Geste fragt: »Was wird man davon halten?« Das Geheimnis der Lebenskunst besteht darin, mit der Höflichkeit keinen Gedanken zu verbinden und nicht zu erwarten, daß die anderen etwas dabei denken. Es geht in erster Linie darum, seine Bewegungen mit den Bewegungen der anderen abzustimmen, um sie von der Unruhe zu heilen und sich selbst von der Unruhe zu heilen. Gut grüßen ist wie gut tanzen; gut sprechen ist wie gut tanzen. Man begreift nichts von der Messe, solange man hofft, etwas davon zu begreifen; und dieses Latein, das keiner versteht, ist eine großartige Lektion in Höflichkeit. Die Messe ist der Augenblick der Eintracht durch die Harmonie von Worten und Bewegungen. Das Knie beugen ist soviel wie grüßen; solche Handlungen lockern; sie betreffen nur die Muskeln, die Lunge, das Herz. Sie ähneln dem Tanz, der jede schwierige und ungewöhnliche Unternehmung ausschließt. Es geht darum, eine Gemeinschaft zu bilden, aber physiologisch, wie die Stare fliegen; die Gesamtheit dieser Wesen ist wie ein großer Faltenwurf; keiner zwingt, und keiner wird gezwungen; keiner stößt den anderen an, und keiner wird angestoßen.

Der Gesang müßte uns lehren; denn er gefällt durch den freien Wechsel der Stimmen; Überraschungen sind ihm ganz zuwider. Es bedarf dabei der Vielfalt wie in jeder Versammlung und bei jedem Tanz; denn man kann nicht auf einem Fuß stehen bleiben; die anderen Muskeln würden sich langweilen. Aber jede Kunst besteht darin zu variieren, ohne anzustoßen. Volkslieder wird man nicht leid; aber das kommt daher, daß man sie durch und durch kennt; man sieht voraus, was kommen wird; und besser noch bereitet in den Kunstliedern, das, was vorausgeht, vor, was folgt; der Mund hat dann keine schroffen Stockungen, wie wenn der Unhöfliche ein Lächeln unterdrückt. Ein König, der sich im Namen irrt oder in der Person, ist beleidigt; er verzeiht uns nicht, daß wir einem anderen ähneln. Aber warum? Nicht vernünftigerweise, sondern eher durch den inneren Schock und das Stocken, zu dem Sie ihn gezwungen haben, ohne es zu wollen. Er befindet sich wie am Absatz einer abgebrochenen Treppe. Was für eine Gewalt gegen sich selbst! Die Laune wird dadurch für lange Zeit getrübt. Das ist etwas Seltsames, diese unbeständige Stimmung und diese Schwankungen. Der vertraute, ungezwungene, reiche und leichte Gedankenaustausch ist wie das Einatmen frischer Luft. Alle Zeichen der Sprache haben in erster Linie diesen Sinn. Ich spreche; man versteht mich, ich weiß nicht, was ich sage; keiner weiß, was ich sage; niemand denkt darüber nach; das ist nicht nötig.

Jede höfliche Unterhaltung ist also eine lateinische Messe. Jeder stellt sich auf die Antwort ein; es gibt darin keine Ungewißheit und auch keine Beratung mit sich selbst. Das ist der erste Aspekt des Zeichens; er ist wie ein Gesang oder wie ein Tanz; die Gesellschaft versichert sich darin ihrer selbst und erkennt darin ihre Friedensschulung. Der geschickte Mensch profitiert von dieser Übereinstimmung, um darin zwei oder drei Ideen unterzubringen; nichts steht dem im Wege; aber es ist seine Aufgabe zu sehen, ob die Musik diese Dissonanz tragen kann und ob der Übergang von den Zeichen zum Sinn genügend vorbereitet ist. Sehr gut hat man Takt diese Erforschung der Oberfläche der Zeichen genannt; denn durch das Gespür für unsere eigenen Emotionen wissen wir, ob die Idee durchkommt. Diese Kunst, das auszulöschen, was man sagen wollte, macht den halben Esprit. Und man täte unrecht zu glauben, daß diese Schwierigkeit der Navigation eine Eigentümlichkeit der Gesellschaft von Müßiggängern wäre. In jeder Versammlung muß man zunächst nach der Gewohnheit singen und die Stimme festigen; schließlich zunächst das sagen, was alle erwarten, und sozusagen sich der Eintracht vergewissern; was der Redner sehr gut zu tun weiß, indem er das Stimmengewirr sogar noch im Ton der Stimme aufnimmt und nachahmt, bis er dahin gelangt, daß dieser Ton etwas bedeutet. Was mich die gute Methode begreifen läßt, Englisch zu lernen, nämlich wie es das Kind tut. Ahmen Sie das Geräusch nach und die Art zu lachen, und denken Sie nicht weiter darüber nach.

20. Dezember 1930

# *Eitelkeit*

Nehmen wir an, ich hätte die Macht, die Handlungen, die Gefühle und Meinungen eines Menschen zu ändern, wie es mir gefällt. Man stelle sich zum Beispiel ein Strahlungsgerät vor, das den geheimsten meiner Gedanken und zugleich den geheimsten Gedanken meines Feindes aufzeichnete, indem es die Unvereinbarkeiten durch Kurven markierte; und daß ich durch Regulieren, wie man eine Geige nach einem Klavier stimmt, die Gedanken meines Feindes dahin bringen könnte, daß sie mit meinen eine Harmonie bildeten. Dann wäre ich gewiß im Besitz einer großen Macht zu verführen. Man würde mich auf Kommando lieben und bewundern; man würde mich sogar aufrichtig lieben und bewundern. Hat je ein Tyrann von mehr geträumt? Und dennoch wäre diese großartige Methode nichts als Eitelkeit. Ich kann glauben, daß meine Anhänger mir spontan Beifall spenden; ich kann es glauben unter der Bedingung, daß ich den Apparat vergesse, den ich in der Tasche trage. Und jeder beliebige könnte ihn einen Augenblick lang vergessen, so süß ist Lob. Im Grunde aber, wenn ich an meine allmächtigen Mittel denke, muß ich erkennen, daß ich ganz einfach mich selbst bewundere und mir nur selbst Beifall spende durch Menschen, die es nur dem bloßen Anschein nach sind, in Wirklichkeit aber nichts als Maschinen.

Der Ehrgeizige verfügt nicht über ein derartiges Überredungskästchen. Das Komische ist, daß er sich zuweilen eins wünscht. Ein Schauspieler bezahlt seine Claque sehr teuer und freut sich, bei seinem Auftritt begrüßt zu werden. Der Politiker hat oft bezahlte Journalisten, und es gefällt ihm, sie zu lesen. Und man muß nicht glauben, daß die Anerkennung eines kleinen Leutnants einem General immer mißfällt. Aber es bleibt ein Argwohn der Unabhängigkeit, der gleichsam das Salz der bezahlten Lobreden ist. Ich schreibe einen Roman, und ich lese eine Kritik, die mich einiges Geld gekostet hat oder für die ich Intrigen habe spinnen müssen; und wenn derjenige, der die käufliche Lobhudelei geschrieben hat, sein Handwerk versteht, werde ich mir sagen, wenn ich ihn lese: »Es ist sehr glücklich, daß ich von diesem einfallsreichen Mann einen Augenblick der Aufmerksamkeit geschenkt bekommen habe. Denn man sieht wohl, daß er nicht hat widerstehen können und daß sein Geist im voraus auf meinen abgestimmt war. Das sieht man doch; den Ton der Aufrichtigkeit kann man einfach nicht nachahmen.« Was suche ich denn, wenn nicht den unbestechlichen Richter, den, der frei entscheidet, den, den ich nicht zwingen kann? Die Kunst der Schmeichler besteht darin, sich nach der Art der Koketten begehrt zu machen durch Bewegungen von Freiheit und Flucht. Das ist der Anteil Unverschämtheit im Schmeichler, und der führt weit. Das heißt soviel, wie zu verstehen geben: »Ich pfeife darauf, Ihnen zu gefallen, und ich lobe Sie nur, wenn Sie es verdienen.« Stoff für eine Komödie.

Eitelkeit ist ein sehr ernstzunehmendes Gefühl; denn da es von schwacher Gesundheit ist, pflegt man es.

Aber man muß auch sagen, daß die Zeichen sehr mächtig sind. Hohngelächter macht Sie krank, selbst wenn man Sie für einen anderen hält. Und ich verstehe, daß derjenige, der einem bekannten Menschen ähnelt, Gefallen an der bewundernden Aufmerksamkeit findet, die ihm einen Augenblick lang nachläuft; denn unmittelbar sind das angenehme Zeichen; erst beim Nachdenken lacht man darüber. Dennoch würde man keine Schallplatte mit Lobreden mögen. Es ist unseresgleichen, den wir erobern wollen; es ist genau der freie und verborgene Teil des anderen, auf den wir es abgesehen haben. Die Spiele der Liebe, die zunächst rätselhaft sind, erklären sich hierdurch. Aber die Spiele des Ehrgeizes sind noch reiner und im Grunde freier von Zwang; denn es gibt hier kein anderes Vergnügen als das, von einem freien Menschen gelobt zu werden, auf den man auch nicht den geringsten Einfluß hat. Daher ist die Macht eitel, und daher ist sie ständig gereizt. Man will recht haben; aber dieser kraftvolle Ausdruck nimmt oft einen ganz anderen Sinn an, und zwar den der Gewalt; wodurch der Ehrgeizige zeigt, was er möchte und was zu verlieren er im Begriff ist. Bei dem geringsten Anzeichen von Zwang flieht der Mensch tief in sein Innerstes und ist von nun an undurchdringlich. Auf dieselbe Weise verschanzt sich Célimène hinter ihrem Äußeren, sobald Alceste grollt. Es gibt nur einen Weg, geliebt oder bewundert zu werden, und der besteht darin, nur das Freie zu suchen und zu schätzen, das zu lieben, was widerspricht, aber nicht aus Spielerei und nur für einen Augenblick, wie es der Eitle tut. Genaugenommen entdeckt man hier, was zu allen Zeiten die wirkliche und erste Religion war; denn die theologischen Untersuchungen liefen alle darauf hinaus zu bedenken, daß der freie Wille das höchste Attribut Gottes ist und daß die Nachfolge Gottes darin besteht, frei zu werden und das Freie zu verehren und auf der Erde Halbgötter anzusiedeln. Was sehr weit führt; denn man möchte über seinesgleichen herrschen; das ist der Kern der Gesellschaften ohne jede Ausnahme. Terror und Korruption waren immer nur Oberfläche. Solange man daran nicht kratzt, bis man Freiheit und Freundschaft entdeckt, schreibt man nur den Anschein der Geschichte.

7. Juni 1932

# *Porträts der Macht*

Ich habe bei Saint-Simon gelesen, daß irgendein hoher Herr, der gesandt war, um die Ordnung in den Hallen von Paris wiederherzustellen, wo das Volk vor Hunger schrie, in seiner Karosse zunächst eine gefährliche Menge durchqueren mußte, die ihn mit den schmutzigsten Beschimpfungen überhäufte. Der Herr zuckte nicht einmal mit der Wimper; er stellte sich taub; und zweifellos rettete er durch diesen Mut, der nicht geringzuschätzen ist, sein Leben und sogar seine Macht. Denn man verfolgt das, was flieht, man schlägt auf das ein, was bedroht; und man greift nicht leicht einen Menschen an, der sich nicht rührt und dem Feind eine Blöße gibt. Man achtet vielmehr die Erinnerung an eine übermenschliche Macht; dieses Idol bleibt bewunderungswürdig.

Ich nehme an, daß Alexander und Caesar solche Augenblicke durchgestanden haben. Die Macht lernt dabei eine Art von Strenge, die Mittel und Zeitpunkt wählt. Ist es nicht militärisch, daß man zuschlägt, wenn man will, nicht aber, wenn der andere es will? Die Geschichte löscht solche Dinge aus. Die Geschichte ist erbärmlich glaubhaft und dadurch ohne jede Lehre. Das Wahre, das gewalttätig ist, weiß man nur durch einige Blitze von Männern ohne Respekt. Retz erzählt vergebens das Abenteuer Turennes, der seine furchterregende Armee der Liga zuführte und der zusehen mußte, wie seine Waffengefährten ihn im Stich ließen, weil Mazarin einige Säcke Geld austeilen ließ. Ich stelle mir vor, daß Turenne in diesem Augenblick seine Befehlsgewalt ruhen ließ; es war nicht der Augenblick, von ihr Gebrauch zu machen.

Kiplings *Puck* erweckt den Kaiser Maximus zum Leben und zeigt einen anderen Aspekt, der die Mittelmäßigen erschreckt und vielleicht auch die Starken; aber die Starken schweigen sich darüber aus. Der Kaiser spricht ungezwungen mit zwei jungen sehr tapferen Offizieren, die eng befreundet sind. Er sagt dem einen der beiden, daß gewisse satirische Äußerungen bis an das sehr empfindliche Ohr der Macht gedrungen sind; und daß solche Äußerungen einigen sehr teuer zu stehen gekommen sind. »Ihr aber«, sagt der Kriegsherr, »habt nichts von mir zu fürchten.« – »Nicht das geringste«, sagt der andere Freund, der lässig seinen Jagdspieß schwingt. Der Kaiser Maximus läßt sich nichts anmerken; in der Folge vertraute er den beiden völlig; und sie liebten ihn schließlich. Diese Skizze von Weltmachtpolitik gefällt mir; ich finde darin meine Pflichten und die Grenze meiner Pflichten; schließlich wahre Werte.

Einem zuverlässigen Augenzeugen verdanke ich einen weiteren Bericht; der uns näherliegt. Stellen Sie sich den berühmten Mangin auf einer kleinen Anhöhe am Rande einer Straße vor, wie er dem Vorbeimarsch seiner Divisionen zusieht, die aus dem Feuer kommen. Er gleicht seiner eigenen Statue; nichts bewegt sich in diesem Gesicht; die Arme sind auf der Brust verschränkt. Dieses Bild ist Legende geworden. Aber man muß auch wissen, daß dieser lange Vorbeimarsch von bewaffneten Soldaten ein Vorbeimarsch von Beschimpfungen und Drohungen war. Alles, was zu sagen war, wurde also herausgeschrien. »Es ist ein Irrtum,« sagte mir der Zeuge, »anzunehmen, daß ein General nicht die Gelegenheit hat, Mut zu beweisen, und nur, wie man sagt, das Leben der anderen aufs Spiel setzt.« Man wird diese Nuance der Wertschätzung verstehen und auch ein wenig die wirklichen Triebfedern der Tragödie.

Woran dachte dieser Mensch? Woran dachte Fonck, als er aus dreitausend Meter Höhe abstürzte, als er den Gegenstand suchte und ihn schließlich fand, der sein Steuer eingeklemmt hatte? Die Erfordernisse des Handwerks löschen die Furcht aus. Ohne Zweifel erwog jener Truppenführer nach diesen furchtbaren Zeichen die Wiederherstellung der Moral, die er durchzusetzen hätte mit Mitteln, die ihm bekannt waren. Ohne Zweifel ging er im Geiste die ganze Kette der Macht durch vom Ordonnanzoffizier bis hin zum Unteroffizier, was er jedem sagen müßte oder sagen ließe; die Mischung aus Hoffnung und Furcht, die auf diese Grade des Ehrgeizes einwirken könnte, die Macht der Übungen, der Ruhepausen, der Strafmaßnahmen, des Straferlasses, sogar die Wirkung seines eigenen Rufs, die nach dem, was er sah und hörte, nicht gering sein konnten. So nahm er das Kommando wieder auf in einem Augenblick, wo andere es verloren geglaubt hätten; er nahm seine ganze Kraft zusammen, während seine aufsässigen Kinder sich damit erschöpften, ihn zu beschimpfen; man versteht, daß er die Beschimpfungen nicht einmal hörte. Und beachten wir, daß eine so deutliche Gefahr ihn von dem furchtbaren Beruf reinwusch, der sein Beruf war. Man muß wissen, was man will. Auch Pulver ist nicht angenehm, und was kann man schon mit Verbündeten anfangen, die nicht zu fürchten wären? Als Stendhals Julien den Kreisen eines Sperbers mit den Augen folgte, bewunderte er diese Kraft und diese Einsamkeit. Macht gibt es um diesen Preis.

1. August 1932

## *Sich beobachten heißt sich verändern*

Ein sehr klarer Kopf und scharfer Beobachter hat geschrieben, allen Gefühlen läge Neid zugrunde, sogar der Freundschaft. Ich habe diesen Menschen näher kennengelernt, der so zu denken glaubte. Er war nie neidisch; ich sah, daß er treu und hochherzig war ohne jede Spur von Bosheit; nur brauste er leicht auf. Bin ich ein scharfer Beobachter? Das ist die Frage.

Meine erste Regung besteht im Ablehnen. Ich bin der Ansicht, daß ich von den ersten Zeichen getäuscht werde. Ich bin der Ansicht, daß die Menschen mir zunächst ein Bild von sich bieten, das ihnen kaum ähnelt. Zum Beispiel gibt jeder Mensch in einer Frage, die neu ist und die ihn bewegt, überreichlich Dummheiten von sich. Ich weiß jedoch wohl, daß das nicht sein Gedanke ist. Er aber will, daß das sein Gedanke sei; er klammert sich daran; wenn man ihn drängt, schwört er sogar darauf. Man bildet sich ein, dumm zu sein, wie man sich einbildet, boshaft zu sein. Es ist nicht geschickt abzuweisen, es ist nicht geschickt zu verurteilen. Das heißt das Wasser trüben. Wenn man klarsehen will, muß man abwarten; die erste Erregung muß sich legen. Ich warte, daß er sich beruhigt, ich erwarte sogar, wenn ich kann, den Schlaf. Schon die Art zu essen lehrt mehr als die Art zu sprechen; der Ton der Stimme sagt mehr als der Sinn. Aber ich muß noch weiter gehen. Ein Mensch unter der Knute ist nicht das, was er sein könnte; ein Mensch, der gezwungen wird, ist verunstaltet; ein Mensch, der durch das Ereignis überrascht wird, gleicht mehr dem Ereignis als sich selbst. Ebenso läßt ein Kleinkind, das ganz rot ist, das das Gesicht verzerrt und heult, nichts erkennen; ich warte, bis es lächelt. Indem ich bis ans Ende meines Gedankens gehe, werde ich sagen, daß ich von einem boshaften Menschen ganz und gar nichts lernen kann; wenn ich ihn beobachten will, warte ich ab, bis er gut ist. Gut, das ist dasselbe wie frei, natürlich; und zwar seinem Wesen entsprechend, nicht gemäß dem Schock. Nichts verändert einen Menschen mehr als der Blick dessen, der ihn beobachtet. Wenn er auch nur vermutet, daß ich ihn beobachte, streckt er mir die Zunge raus. Das ist umgekehrte Scheinheiligkeit. Ich bedauere die Irrenärzte; denn die Narren bringen Narren hervor.

Dem Wort Psychologe gelingt es nicht, zur Umgangssprache zu gehören. Die Umgangssprache nennt Moralisten den, der sich hinlänglich im menschlichen Herzen auskennt. Das ist eine großartige Idee in einem Wort. Aber welche Idee? Man braucht dem Wort nur zu folgen. Moral sagt man, wenn man sich beruhigen will, wenn man sich erziehen will, wenn man sich wieder in menschliche Form bringen will. Wie ein Mensch, der Angst hat vor einem vermeintlichen Gespenst und der sich sagt: »Das war alles!« Er verachtet das Gespenst, aber er verachtet auch sich selbst. »Wie kann man nur so dumm sein?« Das denkt der schlichteste Mensch dreimal am Tage von sich. Diese ganz allgemeine Moral bedeutet also, daß man sich zunächst über sich selbst täuscht. Dessen innewerden heißt denken. Woraus ich, ein wenig schnell, die Idee entnehme, daß sich beobachten etwas anderes ist als sich für den halten, der man in der ersten Regung ist. Sich beobachten heißt sich verändern, sich wieder in gute Verfassung bringen, suchen, was man will, es finden, es gutheißen, es tun. Die Milde des Augustus ist ein theatralisches Beispiel dafür, also vereinfacht und gleichzeitig übertrieben; aber die Bewegung ist richtig. Er spricht mit sich selbst, und das läuft darauf hinaus, daß er sagt: »Was bin ich?« Bin ich ein Feigling, der andere verdächtigt? Gewiß bin ich das, wenn ich mich gehen lasse. Bin ich ein brutaler Mensch, der sich rächt? Gewiß will darauf das Tier in mir hinaus. Aber, wie Descartes sagte, es wäre lächerlich, wenn der Mensch, der fähig ist, einen Hund zu erziehen, sich nicht selbst erzöge. Augustus entdeckt schließlich den wahren Augustus, der derjenige ist, der will, das heißt derjenige, der aus all dem einen Menschen macht. Und was hierin Wahres liegt, ist, daß der Anfang von allem immer schlecht ist und daß man sich sehr schlecht kennt, wenn man ihn nicht verändert. Was ist ein Musiker, wenn nicht ein Mensch, der sich zum Musiker gemacht hat? Und glauben Sie, daß einer, der mit acht Kugeln jongliert, das mühelos gelernt hätte? Ich lerne ihn nicht kennen, wenn er die Kugel fallen läßt, sondern wenn er sie auffängt. Und den Musiker lerne ich nur kennen, wenn er richtig singt.

25. September 1932

## *Die Heiligen*

Was gibt es Eindeutigeres als einen Heiligen? Diese Menschen verachteten den Luxus. Nein, glauben Sie nur nicht in der Hoffnung, im Himmel einen guten Platz zu erhalten. Die Weisen des Altertums, für die Sokrates das Leitbild ist, lebten fast so wie Heilige, ohne viel von den Göttern zu erhoffen. Descartes fand nichts Besseres, als in den Krieg zu ziehen, offensichtlich aus Ekel vor einem frivolen Leben, von dem er gekostet und das er gerichtet hatte. Und wie viele haben ein beschwerliches Leben gewählt ohne anderen Grund als den, das Gleichgewicht und den Frieden zu finden! Das schönste Schauspiel, das Proust gesehen hat, waren drei Bäume am Rand einer Straße, drei Bäume, die ihm nicht gehörten. Das große Glück ist ohne Eitelkeit. Nur hat die Eitelkeit furchtbare Haken; sie erfaßt den Menschen und zieht ihn mit sich fort. Proust entging ihr nicht und verachtete sie immer wieder. Diese geringe, ständige und nutzlose Gewalt gegen sich selbst ist nur den Schwachen erträglich. Der Starke entzieht sich der Eitelkeit oder stürzt sich hinein. Wenn man sich hineinstürzt, muß man Tyrann sein. Ein Tyrann lebt von Eitelkeit; er zwingt sich dazu, an Dinge zu glauben, die nicht sind. Er lebt von dieser Leere; er findet sich mit ihr ab. Ein Zug des Starken ist, daß er nicht mäßig trinken kann. In den ehemaligen Studentenverbindungen nannte man den Trinkfestesten erhaben. Der Mensch, der diese üble Zukunft voraussieht, wird solide und trinkt nur Wasser. Und wie viele Verliebte zur Zeit der Ritter suchten die Prüfung nur, um das klare Wasser der Liebe zu trinken! Alceste geht in die Wüste; er hat nämlich die Vergnügen und Leiden der Eitelkeit ausgekostet. Er rettet sich. Man muß sich immer wieder retten. Man muß sich immer wieder aus der Welt zurückziehen, wie unsere Großväter sagten.

Die berühmte Wahl des Herkules zwischen dem Laster und der Tugend war nichts anderes als eine Wahl zwischen Eitelkeit und Wirklichkeit. Dieses Sinnbild interessiert uns alle. Man hält den jungen Leuten leere Größen vor; es bedarf nur eines Winkes, damit sie da nicht anbeißen. Wer wissen will und nicht nur so tun möchte, als wüßte er, wird zehn Jahre mit Geometrie und Mechanik verbringen und auf eigene Faust alle möglichen bereits bekannten Wahrheiten entdecken. Aber der Eitle stürzt sich auf die neuesten Trugbilder der Physik; die Übereilung verdirbt ihn; er weiß es; aber er berauscht sich daran, daß man von ihm redet. Er ist Komödiant, für sich selbst ist er verloren. Nun, diese Falle gibt es überall, diese Falle ist überall aufgestellt. Mit zwanzig Jahren stürzt man sich auf die ersten Litzen; versessen darauf, will man andere damit fangen. Und derjenige, der auf den höchsten Posten gelangt, trifft Entscheidungen in einem großen Krieg, in dem er nichts sieht, wird von Tausenden von Kameraden verflucht, übt eine grausame Strenge aus, die überdies ungerecht ist; er weiß es, aber er will nicht daran denken. Nun, ich habe junge Weise gekannt, die nicht einmal Unteroffizier werden wollten; sie verurteilten diesen Ehrgeiz; werden sie auch die anderen Arten des

Ehrgeizes zu verurteilen wissen und ohne Macht leben, das heißt frei?

Jede Krise der Gesellschaft ist eine Krise der Eitelkeit. Und man weiß wohl, daß der Mißbrauch der Reichtümer daher kommt, daß man um jeden Preis will, daß die Reichtümer endlich geachtet werden. Aber mehr noch will man, daß sie achtenswert seien. Der Parfumhersteller will auch durch den Geist herrschen; wir haben das erlebt; und das ist der Gipfel der Lächerlichkeit. Daß ich Denker in meinem Sold habe, bewirkt noch nicht, daß meine eigenen Gedanken wohlgeordnet sind. Aber es ist diese Wut der Eitelkeit, die Tyrannen hervorbringt; und ich sage ausdrücklich Wut; denn der Mensch, der an der trügerischen Oberfläche lebt, ist notwendigerweise wütend ganz so wie der, der die Liebe erkaufen möchte. Und man weiß, daß die Liebe sich niemals dem zuwendet, der bezahlt. Besser noch: keine Art von Liebe noch Bewunderung wendet sich je dem zu, der sie bezahlt; man weiß wohl warum, und auch er weiß wohl warum. Auf dieselbe Weise unterwirft sich kein Gehorsam dem, der zwingt. Da diese Dinge genügend bekannt sind, richtet sich die Wut, etwas auszurichten, gegen die freien Menschen. Und die Weigerung der freien Menschen ist die Wirklichkeit jeder Revolution. Die Regierenden, Bankiers und Generäle sind weniger als hassenswert denn als dumm, das heißt hohl, zu verurteilen.

Wie man weiß, machen die Neidischen niemals Revolutionen; denn die Mächte öffnen sich denen, die Macht begehren; sie werden alsbald verschlungen von der ungeheuren Eitelkeit. Gegen die Heiligen aber gibt es keine Waffe. Sie führen ihre Verachtung auf den Straßen spazieren; sie verweigern Bewunderung und Beifall, die das Brot der Eitlen sind. Aber wer sieht den Heiligen? Der Heilige ist eigentlich unsichtbar, er hat alle Gewänder der Eitelkeit abgelegt, auf denen das Licht spielt. Denken Sie an Vincent de Paul, der sich um die Kinder bemüht. Diese Selbstlosigkeit ist nicht zu beschreiben. Diese Schlichtheit übersteigt so sehr unsere Mittel, daß sie uns entgleitet. Wenn Sie eine Gemeinschaft von Heiligen gründen, werden sie nicht kommen. Jeder von ihnen hängt an seinem Werk und stärkt seine eigene Tugend. Ich glaube, daß es das Fehlen von Nachdenken über sich selbst ist, was den Heiligen ausmacht; diese völlige Hingabe an Gott.

Und es ist das bedeutendste Zeichen, wenn die glanzvollste und ich möchte sogar sagen die ehrgeizigste Jugend stillschweigend zu dieser Seite übergeht und Wissenschaft, Weisheit und Gerechtigkeit sucht, und zwar nicht zum Schein, sondern um ihrer selbst willen. Und warum soll es jetzt weniger Heilige geben? Der Mensch ist derselbe, die Aufgabe ist dieselbe, und die Verachtung ist dieselbe.

1. März 1933

## *Zorn*

Der Zorn des Menschen ist rasch und furchtbar. Schlimmer noch: er kocht durch das Denken immer wieder auf. Die Beleidigung, über die eine Nacht vergangen ist, ist nicht minder grausam; im Gegenteil noch grausamer. Man weiß warum. In der Einsamkeit schärft nämlich der Beleidigte selbst die Beleidigung. Es geht jetzt nicht mehr darum, die Tatsachen in Ruhe zu betrachten, denn es gibt keine Tatsachen mehr. Es bleibt nur eine stechende Erinnerung, die die Demütigung reizt; es bleibt nur eine Gereiztheit, die die Erinnerung deformiert. Alle Leidenschaften wachsen bis zum Wahnsinn an in diesem Zwiegespräch mit sich selbst. Zwiegespräch, in dem alles falsch ist, in dem alles Komödie ist; Komödie für den Zuschauer, aber Tragödie für den Schauspieler, denn er spielt mit offenen Karten. Wen möchte er täuschen? Er ist allein. So entsteht eine Denkungsart der Rache, die immer erstaunen läßt. Die vor allem den Beleidiger erstaunt.

Der Beleidiger verzeiht bewundernswerterweise die Beleidigung. Er sagt sich: »Wie? Ich habe doch bloß ausgesprochen, was ich dachte. Vielleicht war ich ein wenig heftig. Aber hatte ich nicht recht?« Jeder glaubt, recht zu haben. Und wenn das so wäre? Schöner Grund: recht zu haben. Das ist eine Situation, die größte Vorsicht verlangt. Denn nichts demütigt den Gegner sicherer und schmerzhafter, als wenn er keine Antwort findet. Unrecht haben, nach eigener Ansicht, das reizt mehr als alles andere. Das bringt zwar einen gegen sich selbst auf. Aber ist man nicht stets gegen sich selbst aufgebracht, wenn man den anderen haßt? Und wer rechnet die Gewissensbisse im Haß nach? Alle Gereiztheit, die gerechte und die ungerechte, der Haß auf den anderen, der Haß auf sich selbst, alle Gereiztheit wird in denselben Topf geworfen. Jedes Körnchen, sei es gut oder schlecht, wird zu demselben Mehl vermahlen. Die Beschämung, Angst gehabt zu haben, läßt man den entgelten, der einem Angst eingejagt hat. Und die Beschämung, unrecht gehabt zu haben, läßt man den entgelten, der recht hat.

Bei Kipling las ich eine vereinfachte, unwahrscheinliche, lehrreiche Geschichte, wie alle schönen Geschichten sind. Ein gutmütiger Neger, ein wenig angetrunken, spielt mit der Reisschüssel eines sehr ernsten Malaien, der die Sache übelnimmt. Beide sind Matrosen. Die Ereignisse trennen sie und führen sie um die ganze Welt. Ein Zufall führt sie schließlich wieder zusammen. Der Beleidigte ist krank und arm; der Beleidiger ist zu Geld gekommen. Der Beleidiger erkennt seinen unglücklichen Kameraden wieder und umarmt ihn von ganzem Herzen; und der Kamerad antwortet auf die Umarmung mit einem tödlichen Messerstich. Dieser Bericht ähnelt Übertreibungen Dickens', in denen jeder sich wiedererkennt. Mehr bedarf es nicht, um uns zu belehren. Zum Beispiel ist es klar, daß die freundschaftliche Regung des Beleidigers eine weitere Beleidigung ist. Der andere sagt sich: »Er hat also alles vergessen.« Der Neger hatte allen Grund, eine Beleidigung, die ohne böse Absicht war, zu vergessen. Es ist sehr nützlich, Überlegungen dieser Art zu folgen.

Aber die Staatsmänner lesen oft nur ihre eigenen Reden und die Nachrichten, Nachrichten, die immer nur Schreie sind. Lesen Sie doch im Menschen, möchte ich ihnen sagen. Das ist nicht langweilig, das ist nicht schwierig. Romane sind voller Weisheit; und die *Ilias* erzählt vom Zorn Achills, der ein kindlicher Zorn ist. Ein kindlicher Zorn in einem starken Menschen, das ist das Thema jeglichen Dramas.

Wir haben gesiegt. Laßt uns das Beste daraus machen. Wir hatten nicht provoziert. Unsere Alliierten waren nur Diener des Rechts. Wir hatten das Recht auf unserer Seite. Wir waren großmütig. Wir verlangen nichts, als zu verzeihen und zu vergessen. Ich übergehe die angenehme, naive und sogar lächerliche Verblendung. Ich nehme an, daß das alles wahr ist. Wer sieht nicht, daß dieser gerechte Triumph dem Besiegten die Niederlage nur noch bitterer machen kann? Und es ist wirklich zu kindlich und wirklich zu dumm anzunehmen, er sei zufrieden und friedlich, weil wir es selbst sind; und darüber zu erstaunen, daß er uns noch nicht die Hand entgegenstreckt, wie wir es hochherzig tun. Entrüstung ist nicht fern. Die Freundschaft hält die Entrüstung bei der Hand, ihre geliebte Schwester; das war nur zu oft der Kern dieser melodramatischen Phrasen, die unsere Staatsmänner für Gedanken halten. Das wird, so hoffe ich, schließlich zur kalten Verachtung der Zuschauer führen, die einst Akteure waren. Denn man geht allerdings davon aus, daß der Dialog zweier einst befeindeter Flieger nach dem Sieg ein wenig anders geführt wird: »Wir haben uns von ganzem Herzen geschlagen wie die Verrückten, die wir gewesen sind, angetrieben von sehr gerissenen und sehr verächtlichen Kumpanen. Das Ergebnis hing an einem Faden und beweist nichts.« So hat mehr als tausendmal der Sieger zum Besiegten gesprochen. Das ist der Friede. Aber warum scheinen tüchtige Männer, die ihren Zorn beurteilen, oft regiert zu sein von vierjährigen Kindern?

8. April 1933

## *Politik und Religion*

Die Politik hat sich kaum geändert und wird sich nicht weiter ändern. Das kommt daher, daß die Struktur des Menschen immer dieselbe ist; und was Platon darüber gesagt hat, ist noch heute wahr. Immer ein Kopf, und zwar derselbe, und immer fähig zu denselben Kombinationen. Immer eine Brust, und immer dieselbe, Ort der Explosionen, Zentrum des Zornes und des Mutes. Wenn der Motor aufheult, wird die höhere Weisheit auf die Rolle der Ausführenden herabgesetzt; bestenfalls rettet sie Vorhaben, die töricht sind. So eignet sich das Herz widerrechtlich etwas an, und das verspüren wir zehnmal am Tage. Gestehen wir nun, daß der Bauch all das trägt und stützt und daß er in einem gewissen Sinn alles beherrscht; denn wenn er keine Nahrung hat, gibt es für niemanden weder Mut noch Gedanken. So muß denn der Gedanke, der so oft und so schnell vom Zorn beherrscht wird, auch mit der Angst rechnen, die dem Bauch eigen ist.

Da der Mensch so ist und immer so sein wird, nehmen die Schwierigkeiten für uns kein Ende, nie. Das vernünftigste Vorhaben kann nicht aus eigener Kraft vorangehen. Die Ökonomie, die Sache des Bauches ist, hält uns immer in ihrer Gewalt. Immer wird das Bedürfnis gegen die Begeisterung sprechen; wenn die Begeisterung den Sieg davonträgt, dann spricht die Begeisterung gegen die Vernunft. Aber die Vernunft ihrerseits kann diese schwierigen Nachbarn nur leidlich regieren, wenn sie sie zunächst einmal akzeptiert, daher ist die schlimmste Ungerechtigkeit die der Vernunft, wenn sie es unternimmt, die beiden anderen Persönlichkeiten zu negieren. Wer davon ausgeht, entwirft leicht und ziemlich genau drei Gestalten des Ungerechten: denjenigen, der nur Bedürfnis und Begierde ist, den, der nur Zorn ist, den, der nur Vernunft ist. Dieses Bild ist sehr vereinfacht, aber man kann von ihm ausgehen. Die Erkenntnis seiner selbst und der anderen ist nicht sehr fortgeschritten.

Daraus kann ich drei Arten der Politik erahnen, die ewig sind, und drei Religionen, die ewig sind. Drei Arten der Politik. Denn es gibt die der bloßen Vernunft, die überreich ist an Vorhaben, die aber, weil sie die beiden anderen verachtet, nichts bewirkt. Es gibt die Politik des Zorns, die stets mehr tut, als sie will, die tötet und sich tötet; aber was für eine Ehre und was für ein Glück! Denn es ist schön, etwas zu unternehmen und zu wagen; das berauscht. Und schließlich gibt es eine Politik der Interessen, die die beiden anderen trägt. Diese drei Parteien unterscheiden Sie leicht in einer Gewerkschaft, in einer Regierung, in einem Volk, in jedem Menschen. Der wahre Friede ist im Menschen, und zwar unter diesen drei Gestalten Kopf, Brust und Bauch, aus denen er zusammengesetzt ist. Und da alle drei ihre überzeugenden Gründe haben, muß man über den Frieden verhandeln und ihn nicht nur formulieren; und die Verhandlung wird andauern.

Auch drei Religionen, die stets nebeneinander bestehen werden. Denn der Bauch ist abergläubisch, und er war es immer und wird es immer sein. Die Angst verehrt die Kräfte; daher haben die Menschen alles angebetet: Sonne, Vulkan, Schlange und sogar den Bauch, was eine furchtbare Art von Trunkenheit ist und eine Art Mystik; nicht nur früher, sondern jetzt genauso. Hier herrscht eine große Dunkelheit, aber sie ist nicht undurchdringlich. Und ich sage Religion, weil in der Tat weder das Herz noch die Vernunft jemals abwesend sind; auf dieser Ebene folgen sie, gehorchen sie, schmücken sie aus, erhellen sie diabolisch. Auch die falschen Götter sind Götter.

Die Religion der Ehre liegt darüber, und das ist die olympische; es ist diejenige, die die Tapferen krönt. Auf dieser Ebene möchte der Mensch nichts als Herz sein; aber er kann nicht aus sich heraus; daher entehrt die Begierde ständig den Mut, so wie die Vernunft immerfort die Absichten der Macht rechtfertigt. Der Eroberer will ernährt sein; der Eroberer will recht haben. Das wird oft aus ein und demselben Satz klar. Und es wäre Torheit zu wollen, daß die Religion der Ehre tot oder daß sie eine andere sei. Gehen Sie behutsam damit um, verhandeln Sie.

Die Religion des Geistes ist die schönste; darin stimmen alle überein. Sie setzt die blinde Macht herab; und sie setzt die menschliche Macht herab. Sie wägt andere Werte ab, die im Umgang der Menschen miteinander wie reines Gold sind. Doch immer noch ist es wahr, daß es keine Tugend mehr gäbe, wenn es nur reine Tugenden gäbe. Tatsache ist, daß man essen muß, aber nicht zuviel, daß man wegen irgend etwas in den Krieg ziehen muß, aber nicht zuviel; und schließlich, daß man den Geist ehren muß in seinen mühsamen Siegen, denn gerade darin ist er Geist. Deshalb interessiert mich an einem Menschen das Gleichgewicht, das schwierige Gleichgewicht; und nicht der Makel. Makel in der Liebe, Makel in der Ehre, Makel in der Vernunft, das ist alles ein und dasselbe. Und wer die schwierige Verhandlung mit sich selbst leidlich zustande gebracht hat, statt dümmlich sich nicht zu kennen und sich dümmlich zu verehren, den würde ich zur Verhandlung schicken, wenn es um unsere Güter und unser Leben geht. Fast wären wir soweit, wenn man die Struktur des Menschen lehrte, statt den Kopf die Struktur des Kopfes zu lehren, wie es so leicht und so nutzlos geschieht.

22. April 1933

## *Zweierlei Tod*

Krankheit demütigt wie Leidenschaft, und zwar aus denselben Gründen. Es scheint mir dann, daß mein eigenes Wesen sich gegen mich wendet. Ob ich Fieber habe, ob Ängstlichkeit meine Worte verwirrt oder ob mich die Angst in den Eingeweiden packt, es scheint mir, daß ich durch mich selbst sterbe. Es erhebt sich ein Aufstand, und die Teile verweigern den Gehorsam. Es vollzieht sich ein Bruch in dieser schönen Einheit, auf die der Fechter, der Turner, der Läufer so stolz sind. Dieser Tod wird in uns tätig. Mit zunehmendem Alter nistet er sich ein; er wird triumphieren. Dagegen kommt sich der kraftvolle Mensch, der ohne Furcht ist, unsterblich vor, und die äußere Gefahr, sei es Vulkan, Tiger oder Granate, tötet ihn, ohne ihn zu entehren. Es gäbe demnach zwei Todesarten, und die eine bewahrte uns vor der anderen. Indem ich dieser Idee folge, begreife ich ein wenig den Unsterblichen der *Ilias*, der auf den Tod zugeht. Er ist nicht in sich gespalten; er besitzt sich ganz. Das Schwert ist es, das ihm in dem Augenblick ein Ende setzt, wo er seines eigenen Lebens am sichersten ist. Auf diese Weise durch eine äußere Ursache zerstört, ist ihm gewiß, nicht zu sterben. Herkules fürchtete weder Tier noch Mensch, noch vielleicht irgendeinen Gott; aber eine armselige Leidenschaft ließ ihn untergehen durch seine eigenen gespaltenen Kräfte; und so vernahm die Welt die Klage des Herkules.

Daß die Jugend sich leicht in Gefahren stürzt, in Rettungsaktionen, in die Revolte, in den Krieg, hat man gesehen, sieht man, wird man sehen. Man könnte es fast verstehen nach diesen beiden Todesarten, von denen die eine grausam im Körper selbst empfunden wird und wie ein innewohnendes Laster ist, wohingegen die andere uns nur außer Kraft setzen kann, ohne uns je vor uns selbst zu erniedrigen. Und immer ist es so, daß das Lachen, das im Gleichgewicht ist, geübt, flink, geschmeidig, seiner selbst mächtig, aus unseren Gedanken den Tod und die Angst gleichermaßen ausschließt, wie es die Anziehungskraft des Risikos zeigt. Auch ist es wahr, daß ein Mensch, der geschwächt ist, stöhnt und für lange Tage krank und gedemütigt ist. Der Held der *Ilias* gab dem Verwundeten den Todesstoß; das war die Regel dieses schrecklichen Spiels; das war eine Garantie gegen den anderen Tod. Man muß zugeben, daß ein Krieg, in dem alle Verwundungen auf der Stelle tödlich wären, weniger Angst einflößte als unser unmenschlicher Krieg, der sich menschlich nennt. Dennoch gibt es vor der Erfahrung, das heißt zu Beginn, keine Angst, die die jungen Leute zurückhalten könnte. Nichts kann bewirken, daß sie sich nicht unbesiegbar und unsterblich fühlen. Das ist der gefährliche Augenblick für den Frieden, und wird es immer sein.

Dagegen finde ich Hilfe bei Spinoza, dem einzigen, der jeden Menschen aus sich heraus für unsterblich gehalten hat und jeden Tod für äußerlich. Denn, so sagt er, wenn es irgendeine tödliche Ursache im lebenden Menschen gäbe, und zwar eine, die aus seinem Leben selbst stammt, würde er nicht einen Augenblick leben.

Er kann also nur durch eine äußere Ursache sterben, und das Fieber ist ihm ebenso fremd wie die Granate. Es ist immer ein äußerer Stoß oder eine äußere Reibung, die ihn abnutzt oder zerstört. Aus dieser Bemerkung kann man mit einem einzigen Blick die äußerste Gebrechlichkeit und die äußerste Festigkeit des Menschen erfassen. Alles hängt von der äußeren Ursache ab; und es ist klar, daß viele Ursachen unsere Kraft unendlich übersteigen. Ein Ziegel hat Pyrrhus getötet. Aber dagegen ist es gerecht und ist es stärkend zu sehen und sogar zu empfinden, daß der menschliche Körper sogleich all seine Kräfte entfaltet, um zu gesunden, wenn er nicht durch die äußere Ursache zu Tode getroffen ist. Es ist wunderbar, und es ist ganz alltäglich, daß eine Schnittwunde sich von selbst schließt, und zwar sehr schnell, wenn der unsichtbare Feind nicht zur Stelle ist. Solche Beobachtungen versöhnen uns mit uns selbst. Und dieses Heilmittel ist auch gut für die Leidenschaften, die, wie unser Philosoph sagt, immer aus einem Stoß der Welt hervorgehen, den unsere eigene Gesundheit sofort zu heilen sucht, wenn wir uns nur nicht dagegen sträuben. Mit Sicherheit liegt das größte Übel der Leidenschaften darin, daß wir sie für unheilbar halten und sie auf irgendeinen Mangel unserer Natur zurückführen. Sobald wir sie für fremd halten, was sie in der Tat sind, beginnen wir davon zu genesen.

Wenn ich von dieser Lehrmeinung aus zum Menschen der *Ilias* zurückgehe, sehe ich, daß er sich irrt und daß eine Erkältung sich gar nicht so sehr von einem Schwertstreich unterscheidet. Sie ist nichts als ein

Schlag der Kälte, der den Stärksten niederstreckt, wie es das Schwert tut. Das Bild dieser Kämpfe ist nur ein Bild. Alles Leben ist Kampf, der Mut ist überall derselbe, und es ist schöner zu leben als zu sterben. Was das andere Epos zum Ausdruck bringt, die *Odyssee*, worin der Mut sich niemals vornimmt zu sterben, sondern im Gegenteil zu leben trotz Wind und Blitz und Verschwörung der Götter. Mut zu leben ist seltener als Mut zu sterben.

1. Mai 1933

## *Entstehung unserer Gedanken*

Wir verbannen den Irren. Immerhin verbannen wir ihn nicht aus unseren Gedanken. Schätzen wir, wie es sich gehört, die Verwandtschaft ein. Die Metaphysik war noch in dieser Richtung tätig, wenn sie einen Geist annahm, der uns fremd ist, eine andere Art der Mechanik und schließlich eine andere Welt, vielleicht andere Geistesgaben und eine Art geheiligter Inspiration. Aber das ist nur der Roman des Irren. Ich möchte eher annehmen, daß im Irren nichts gestört ist, ich möchte eher sagen, daß das, was in ihm wie in uns gestört ist, in ihm auch nicht richtig geordnet ist oder nur nicht untergeordnet und verachtet ist. Der Irre ist ein Mensch, der alle Gedanken, die ihm kommen, gleich schätzt; wohingegen der gesunde Mensch auf den Flug der Gedanken nicht mehr achtgibt als auf den Flug der Fliegen.

Das Absurde ist das Entstehungsgesetz all unserer Gedanken; denn sie entstehen aus den Sinnen und wirbeln Erinnerungen auf wie Staub. Ich hebe die Augen, ich sehe einen Stern, ich denke an Balzacs Roman *Die Lilie im Tal*, ich denke an den Sommer, an die Ernte, an das Getränk, das Gezänk und so fort. Diese Verbindungen sind alle ebenso absurd wie die letzte, die ich zitiert habe. Diese ist nur ein Stolpern der Zunge; und die anderen sind nichts als Aufeinanderprallen, Zurückprallen, Abgleiten der Lebensgeister oder wie immer man sagen will. Das ist immer nur ein Kalauer oder etwas in dieser Art. Unser Körper, auf den von allen

Seiten eingeschlagen wird, hallt seltsam wider; denn die Dinge, die in uns durch Gewohnheit verbunden sind, haben gemeinhin keine andere, vernünftigere Beziehung. Wie man aus dem Experiment mit diesem unglücklichen Hund Pawlows ersieht, den man leicht dazu bringt, Magensaft abzusondern beim Anblick eines grünen oder auch roten Lichts; es genügt, daß ihm das Licht mehrmals zugleich mit dem Fleisch gezeigt wurde. Nun, der Physiologe wird keine fremdartigeren Verbindungen erfinden, als das Universum uns in jedem Augenblick liefert. Descartes liebte schielende Frauen; er hatte sich nämlich in seiner Kindheit mit einem Mädchen angefreundet, das diesen Fehler hatte. Und wie der Philosoph sagt, genügt ein einziges Mal ein Wurm in einem Salat, um uns skeptisch zu machen gegen jeden Salat. Solche Verknüpfungen sind im eigentlichen Sinne töricht. Sie werden vernünftig, wenn man ihre Ursache begreift, die keineswegs vernünftig ist. So heilt man sich durch die Betrachtung des Universums, das nach einer berühmten Erzählung am selben Tage und mit derselben Flut ohne weitere Erklärung eine ungeheure Schildkröte und einen Missionar sehr wenig scharfsinnigen Eingeborenen an den Strand spülte. Nach eben dieser Erzählung glaubten sie, daß der Missionar und die Schildkröte in geheimem Einverständnis seien. Wie hat man nur sagen können, daß die Wilden nicht denken wie wir? Alle geheimen Einverständnisse, die wir annehmen, haben denselben dummen Ursprung; es ist immer wieder Schildkröte und Missionar. Kurz, alle unsere unmittelbaren Gedanken sind töricht. Und die am wenigsten törichten sind es am meisten. Denn wenn zufällige Worte mich lehren, daß die Erde sich dreht, so werde ich mehr Mühe haben zu denken, daß es wahr ist, als wenn ich zunächst an die drehende Bewegung des ganzen Himmels glaube. Weh dem, der die Wahrheit empfängt, ohne sie hervorgebracht zu haben. Descartes hatte als einziger die Idee, alles zurückzuweisen, selbst das Wahre. Und dann begab er sich daran, eins, zwei, drei und so weiter zu zählen, eine Ordnung, die uns gewiß nie vom Universum vorgeführt wird; denn man hat noch nie Schafe gesehen, die sich zunächst als eins, dann als zwei, dann als drei anbieten. Es erscheinen Mengen, aber nie Zahlen.

Nun, Descartes war einzigartig, aber universell. Jeder, wenn er will, findet in ihm seinen Bruder; aber er muß suchen und zweifeln; und eben das kann der Irre nicht. So lebt er denn in seinen Gedanken, wie wir in unseren Träumen und Träumereien leben, wie wir zu Beginn unserer geringsten Gedanken sind. Denn in meinen Träumen bin ich sehr töricht; nur lache ich darüber. Und durch denselben Mechanismus bin ich bis ins Mark abergläubisch; nur lache ich darüber. Ich halte mich nicht für ein Orakel. Alle Völker haben die Irren für Orakel gehalten. Daran ist etwas Wahres; denn die Irren kennen die Zufälle des Universums und kennen sonst nichts; und da sie nicht auswählen, können sie irgend etwas Wichtiges herausschreien, das unsere Vernunft vernachlässigt hat. Aber der Irre weiß nicht, daß er das weiß; er ist ein Anzeiger der Stürme, aller Stürme; und dieser Apparat wie auch der Flug der Vögel, die Eingeweide der Opfertiere und anderes der

Art hat sich als weniger nützlich erwiesen als das Thermometer, das nur eine Sache anzeigt. Der Weise wählt im Irren den Menschen und lehnt den Irren ab. Beispiel dafür ist in *David Copperfield* jene Tante, die einen Herrn Dick empfangen hat und ihn über alle Dinge des gesunden Menschenverstandes befragt, ohne daran zu denken, daß er irre ist, was dagegen der Psychiater denken würde, der, wie man sagt, Versuchskaninchen braucht. Aber durch diesen Umgang verunsichert der Psychiater sich selbst; wohingegen die gute Tante sich eben damit ihre gute Laune bewahrte. Glücklich, wer sich zu der großen Familie der Dummköpfe und Verrückten zählt. Er weiß zu denken.

4. Mai 1933

## *Die Bibel*

Das Volk des Geistes, so hat Hegel es genannt, ist das einzig verfluchte. Es schleppt die Bibel hinter sich her, ein erhabenes und grausames Buch. Es ist das einzige Volk, das ohne Grenzen lebt; es ist das einzige Volk, das überall zu Hause ist, was soviel heißt wie, daß es nirgends zu Hause ist. Das Zu-Hause-Sein liegt tief unter dem Geist. Es ist das einzige Volk, das der gefürchtete und verachtende Bruder aller ist, was soviel heißt wie, daß es niemandes Bruder ist. Brüderlichkeit liegt weit unter dem Geist; sie ist, wie der Name sagt, ein Blutsband. Dieses Volk also trägt überall den Frieden des Geistes hin, der der schwierigste ist, und den Krieg des Geistes, der der grausamste ist. Es zielt zu hoch und hat zu tief gelebt. Es hat den Gott des Fleisches getötet; es mußte das tun, denn nach der Bibel gibt es keinen Gott des Fleisches mehr, wie es keinen Gott aus Holz oder Gold mehr gibt. Vor dem Geist ist alles gleich und ist gleichsam nichts. Der reine Geist mußte sein eigenes Volk verfluchen. Die Geschichte unseres Abendlandes, dieses Ortes der erobernden Gedanken, entwickelt diesen Widerspruch; und das ist noch nicht zu Ende. Es ist beachtenswert, daß die Bibel bei den Katholiken unbekannt und gefürchtet ist. Es ist beachtenswert, daß die Verehrer des Sohnes den Vater verneinen, zu dem doch ihre Huldigungen und ihr Weihrauch aufsteigen. Die Reformation war biblisch, und abwechselnd wurde sie niedergemacht oder richtete selbst ein Blutbad an. Wir können uns von diesem Dorn in unserem Fleisch, der Bibel, nicht befreien.

Der Geist ist fanatisch; der Geist ist gewalttätig. Der Geist ist verderbenbringend, weil er zu viel verlangt, weil er das Unmögliche verlangt. Der Geist des Menschen sucht den Geist des Menschen und verfehlt ihn. Das erste, was der Mensch braucht, um zu leben, ist die Verzeihung. Die Bibel verzeiht niemals. Die Wirkung des schonungslos Erhabenen ist die Ironie, wie Hegel gesehen hat. In den Augen des Geistes sind Sie niemals Geist; nicht einmal in seinen eigenen Augen ist er es, denn er ist Mensch. So sind die kleinen Götter lächerlich, und der große Gott gießt das Lächerliche aus. So wird alles mittelmäßige Leben bloßer Schein, und der Affe des Scheins regiert es im Namen dessen, was es nicht sein kann. Die Bibel ist die Mutter der Utopien, und diese Töchter der reinen Gerechtigkeit sind ungerecht und gewalttätig wie die Mutter. Überallhin hat die Bibel den Heiligen Krieg getragen, der im Grunde Bürgerkrieg ist. Krieg des Menschen gegen den Menschen und Krieg jedes Menschen gegen sich selbst. Das Fleisch wird von Unruhe verbrannt; es weiß sich verloren. Voltaire konnte in diesem Erhabenen nicht atmen. Daher diese Sarkasmen gegen die Bibel!

Die Toleranz ist wie ein freier Spielraum für den wirklichen Geist, denn er schreitet mühsam von Fehler zu Fehler, und er will mäßig leben. Aber er kann es nicht. Die Position des Liberalismus und des Pazifismus ist schwach, wie es diese häßlichen Namen sagen. Der Geist wird stets mehr Tyrann sein, als er möchte. Voltaire und Rousseau beschimpften einander. Wundern Sie sich, daß die Völker noch keine Freunde sind? Diese beiden waren nahe daran, sich zu verstehen, und gerade an der Stelle, wo man sich verstehen würde, hat der Haß sein Nest gebaut, sein süßes Nest. Wie süß es ist, den zu hassen, den man lieben würde! Man verlangt nämlich zuviel. Und es ist der Geist, der zuviel verlangt. Den Menschen, den man für unterlegen hält, beutet man aus wie ein Saumtier. Aber den, der uns gleicht, unseresgleichen, den fordert man heraus. Man ruft ihn zum Zweikampf auf allein wegen der Anmaßung, die man an ihm ersieht. Das Rittertum war von Liebe entflammt, und das machte es nicht gerade sanft. Die Ehre ist hart, und das um so mehr, als sie mehr Mühe hat, sich selbst zu ehren; der Feind ist es, der die Kosten dieser Aussöhnung der Ehre mit sich selbst trägt. Und so ist die Geschichte unseres Abendlandes. Verglichen mit den Völkern, die noch in der Natur leben, sind wir Eroberer von Elfenbein, Gold, Diamanten. Aber unter uns sind wir, Söhne der Bibel, Eroberer des Geistes. Nicht wir haben in unserem Jahrhundert den Krieg des Rechts erfunden. All unsere Kriege seit der Bibel waren Rechtskriege. Ohne Erbarmen, weil auch der Feind den Schein des Rechts erstrahlen ließ; und es ist gerade der Schein des Rechts im anderen, der den Prozeßführenden in Zorn versetzt. Ich vermerke, daß diese Gedankengänge hegelianisch sind, und alle Hegelianer müssen dagegen aufgebracht sein aus dem Gesetz des Geistes heraus. Tod dem, der denkt, wenn er nicht denkt wie ich!

Ich habe mir diese Regel zu eigen gemacht, nicht zu streiten und keinen Anstoß zu nehmen an den Problemen des Geistes. Ich habe, wenn ich so sagen darf, diese wütenden Denker als Söhne Voltaires beurteilt, die immer die Lücke im Panzer suchen. Darin bin ich weder biblisch noch fanatisch, sondern eher, wie ich glaube, geprägt von dem bäuerlichen oder heidnischen Geist, der den langsamen Gang und den Druck des Pfluges gleichmäßig zu halten sucht. Diese Art schließt den Ehrgeiz aus, der von allen Leidenschaften die gemischteste ist; und ich finde noch genügend Ehrgeiz in der Demut. Hauptsache ist, nicht von anderen die Tugenden zu fordern, die man für sich selber haben möchte. Der Geist ist so geartet, wenn ich das sagen darf, daß er leichter Sieger über den anderen als Herr über sich selbst ist. Der geringste Streit liefert das Beispiel. Spinoza widerlegt scharf Descartes; damit ist alles gesagt. Und das Geheimnis allen Friedens liegt in der Erkenntnis der Leidenschaften, die im allgemeinen sehr weit davon entfernt sind, sich mit Rücksicht auf die Kraft des Geistes zu beruhigen; sie hängen nämlich von Ursachen einer so anderen Ordnung ab und sind so weit vom erhabenen Urteil entfernt, daß nur eine List etwas über sie vermag. Der Ernst und das Lachen müssen lernen, miteinander im gleichen Schritt zu gehen.

10. Juni 1933

# *Napoleon und seine Günstlinge*

In den *Memoiren* Caulaincourts habe ich den Rückzug aus Rußland wiedergefunden. Tolstoj, dessen Bericht zu Recht berühmt ist, hatte mich bereits von historischen Abstraktionen befreit; ich nahm dieses Abenteuer als ein Objekt bloßer Physik, worin die Gedanken durch Hunger und Kälte bestimmt werden. Ich konnte noch nicht wissen, daß der Oberstallmeister des Kaisers sich noch näher an den Tatsachen befand, sorgfältiger darum bemüht, die Wirkungen auf die Ursachen zurückzuführen, ohne der Phantasie etwas zu überlassen. Ich war mit den Kosaken Tolstojs galoppiert; ich wußte genau, wie sie lebten, kämpften, flohen. Caulaincourt zeigt mir die andere Seite des Ereignisses. Die Kosaken sind für ihn nur Schatten im Nebel; er findet sie niemals, wo er sie sucht; dagegen folgt er mit dem Auge dem Schicksal unserer Männer und Pferde. Und welch wunderbare Übereinstimmung zwischen zwei Berichten, die durch alle Umstände so gründlich getrennt sind! Die plündernden Kosaken im Morgengrauen glaube ich zweimal gesehen zu haben; ich habe zwei Aspekte des Wäldchens gesehen, wo sie versteckt waren. Tolstoj hat gute Quellen gehabt, und schließlich hat er durch die Aufmerksamkeit, die dem Genie eigen ist, das Wahre erraten. Caulaincourt hat gesehen und beschrieben. In dem einen wie dem anderen dieselbe physikalische Denkungsart.

Caulaincourt hat mich also zwei oder drei Dinge gelehrt, die ich der wahren Geschichte hinzufüge. Das erste ist, daß die Große Armee bei ihrem Vorstoß auf Smolensk nicht weniger Fahrzeuge verloren hat, und das in der schönen Jahreszeit, als auf dem berühmten winterlichen Rückzug. Und der Grund? Ganz einfach der schnelle Schritt des Kaisers, der immerfort antrieb, anspornte, der weder Ruhepause noch Verspätung zuließ, mehr darauf bedacht, zeitig anzukommen als überhaupt anzukommen. Durch diese Methode warf er die Pläne über den Haufen; der Feind glaubte zu träumen; im Angesicht des Unmöglichen verliert man den Mut. Kurz, durch dieses wahnsinnige Tempo war der Kaiser sicher, Furcht einzujagen. Nun, diese unwiderstehlichen Märsche opferten nicht weniger Menschen und Pferde als die unwiderstehlichen Angriffe. Aber dieser furchtbare Mensch stellte sich im voraus auf den Sieg ein und sagte: »Alle diese Opfer wird man vergessen.« Er selbst vergaß sie im voraus. Das war das Opium, das er nahm und das er den anderen verabreichen wollte; er lebte, dachte und sprach in der Zukunft. Dieses wahnwitzige Tempo war seiner ganzen Regierungszeit eigen. Aber ich kehre zur Physik zurück.

Schuld an dem Verlust an Pferden und folglich an Material während des Rückzuges sind, sagt Caulaincourt, sehr genau zwei Ursachen. Die erste ist der Mangel an Winterbeschlag, was dazu führte, daß die Pferde bei jedem Anstieg mehrmals fielen und schließlich nicht mehr aufstanden. Die andere Ursache ist der Durst. Am Ende eines anstrengenden Tages fand sich kaum noch jemand, der daran dachte, ein Loch ins Eis zu schlagen, um die Pferde zu tränken. Vergessen wir nicht eine dritte Ursache, und zwar immer dieselbe, nämlich den schnellen Schritt des Kaisers. Ob Napoleon auf einen Feind stieß, der immer wieder ungreifbar war, ob er sich zurückzog, er erlegte seinen Truppen ein fast unmögliches Tempo auf. Es steht außer Zweifel, daß diese Methode, den Feind aus der Fassung zu bringen, angesichts des ungeheueren Rußland und seiner trägen Bevölkerung keinerlei Wirkung hatte. Was Tolstoj empfunden hat; aber Caulaincourt hat sehr genau gesehen, wie der Unwiderstehliche und Ungeduldige auf eine Macht gestoßen ist, die ihm unbegreiflich war.

Was Tolstoj nicht erraten konnte, ist die Freiheit des Wortes an diesem kleinen Hof so nahe um den Kaiser, der von den drei berühmten Getreuen gebildet wurde: Berthier, Duroc und Caulaincourt. Immer wieder widersprachen sie dem Kriegsherrn und führten ihn so stets wieder zu den wirklichen Gegebenheiten zurück. Und er schüttelte den Kopf wie ein Pferd, denn er dachte niemals an das, was er zurückließ oder verlor; immer zählte er, was ihm als Angriffsspitze blieb. Daher sagte er ihnen: »Sie verstehen nichts von diesen Dingen.« Aber er kannte sehr wohl auch den Wert der exakten Kenntnisse; deshalb schmollte er und kam dann wieder zurück; auch er war ihnen treu und verachtete die Schmeichler. Nur wenn einmal die Lage erkannt war, übte dieses verheerende Genie Druck auf eben diese Lage aus, indem er sich auf sie stützte. Sie sagten zwar die Wahrheit, er aber schuf die Wahrheit. Und man ersieht aus diesen Seiten sehr wohl, daß er, auch wenn er die augenblickliche Wahrheit, die Gegebenheit, nicht liebte, ihr dennoch ins Auge zu schauen wußte. Sie alle drei wußten wohl, daß sich etwas Unvorhergesehenes ereignen würde. Aber Unsinn! Sie galoppierten hinter der kaiserlichen Stute her, stets murrend und stets ohne Furcht. Dinge, die man verstehen muß, um sich davor zu hüten.

26. Februar 1934

## *Zuviel Geist*

Unruhe und quälende Gedanken kommen daher, daß man zuviel Geist hat; dieses Übel ist allen Menschen gemein, selbst den Dummen. Es ist klar, daß Tiere diese Art des Wiederkäuens nicht haben, die darin besteht zu denken, daß man denkt, und sozusagen nach innen zu schielen. Der Mensch dagegen muß immerfort denken, und oft zu seiner eigenen Qual. Ein entsetzliches Schauspiel sieht er in der Erinnerung wieder; er geht es im einzelnen durch; er vergißt nichts davon. Oder er vermutet und stellt sich das Schlimmste vor in einer Art Vorgefühl, dem er glauben möchte. Oder er wiederholt irgendein Wort, das ihn verletzt hat. Schließlich sieht er nur noch schwarz. Viele bedürften einer Kunst des Vergessens und einer eingeübten Unbekümmertheit.

Doch Aufmerksamkeit, die so auf etwas gerichet wird, scheint gegen ihre Bestimmung zu verstoßen. Wie soll man einen Gedanken verbannen? Das heißt immer noch, ihn haben. Und der allgemeine Fehler besteht darin, den Kampf überhaupt aufzunehmen gegen einen Gedanken, von dem man sich befreien will. Man argumentiert gegen sich selbst; man beweist sich, daß man nicht in diese Richtung schauen dürfte, und gerade dann schaut man in diese Richtung. Alle Leidenschaften sind darin enthalten. Theater und Roman bieten Beispiele solcher Überlegung, die kein Ende nimmt und die nicht von der Stelle kommt. Schlaflosigkeit ist ein bemerkenswerter Fall solchen Denkens, das sich im Kreise dreht. Zuweilen kehrt selbst ein unangenehmer Traum wieder, sobald man einschläft. Die schlimmste Wirkung eines solchen Gedankens besteht darin, daß wir uns vor dem Schlaf fürchten. Ohne immer so weit zu gehen, führt uns die schlechte Laune auf denselben Pfaden.

Descartes ist einer der wenigen, die begriffen haben, daß traurige Gedanken für die Gesundheit schädlich sind; dieser tiefe Denker sah nämlich keinen Unterschied zwischen der Traurigkeit der Seele und einem Zustand, in dem der widerspenstige Körper jegliche Abwechslung und jegliche Nahrung ablehnt. Und da er anderseits durch Lehre und Erfahrung seine Gedanken zu lenken weiß, erzählt er in einem berühmten Brief, daß er durch die Sorgfalt, mit der er sich angewöhnt hat, quälende Gedanken immer abzuweisen, es so weit gebracht hat, daß er nur noch vernünftige Träume hat. Diese Weisheit ist erhaben, schön und selten. Und selbst wenn sie nicht in unserer Macht steht, so ist es doch besser, sie sich als Muster vor Augen zu stellen, statt diese finsteren und sorgenvollen Menschen zu bewundern, die alles zu Unglück gemacht haben. Ich möchte mit wenigen Worten sagen, und zwar gegen diese finsteren Doktrinäre, daß Traurigkeit nichts schlichtet und nichts wieder in Ordnung bringt.

Aber selbst wenn das gesagt ist, kann ich mich noch immer nicht von einem Gedanken befreien. Kann ich denken, wie ich will, und nicht denken, wie ich will? Diese Frage, die für metaphysisch gilt, ist in Wirklichkeit das innerste Problem eines jeden. Denn zum Beispiel möchte der Beleidigte wohl verzeihen, das heißt vergessen; aber das hängt nicht von ihm ab; er findet es sogar lächerlich, daß man glauben könnte, es hinge von ihm ab. Schauen Sie genau hin; er ist beleidigt, und er hält sich genau in diesem Sinne für beleidigt, daß er immerfort an die Beleidigung denken muß. Jemand hat ihm diesen Stachel eingedrückt; er kann und will den Stachel nicht vergessen; er prüft die Spitze. Ob es sich um Ressentiment, Gewissensbiß oder Verzweiflung handelt, das Klarste an der Qual ist, daß man weiß, daß man daran nichts ändern kann und daß man, wie man sagt, für immer verdammt ist. In den sehr spitzfindigen Gedanken eines jeden Menschen gibt es immer diesen höheren Gedanken, der die Selbsterkenntnis ist, die das Selbst dazu verdammt, immer neidisch oder furchtsam oder unwissend oder ungeschickt zu sein, auf alle Fälle aber unglücklich. Dieses Denken stellt sich sehr früh im Kind ein und ist ihm manchmal sehr verderblich; aber zum Glück vergißt dieses Alter mühelos durch bloßen Wechsel des Schauspiels. Der ernste Mensch, ich möchte sogar sagen der tugendhafte Mensch, ist der, der sich selbst am furchtbarsten ist.

Optimismus scheint mir hier die übergeordnete Regel zu sein. Denn man muß wollen, daß das Leben gut ist; und zunächst muß man wollen, daß man wollen kann. Ohne diesen vorgängigen Beschluß nimmt das Unglück immer seinen Lauf. Denn man weiß, daß es keine Situation gibt, die ein unruhiger Gedanke nicht verderben könnte. Heroisch möchte ich dieses cartesische Denken nennen, das mit jedem Gedanken immer wieder zu verstehen gibt, daß jeder Gedanke frei ist.

Das Schöne an Descartes ist, daß er sich uns als Mensch zeigt, der den anderen gleicht und der damit beschäftigt ist, gegen das Unglück zu kämpfen; allerdings äußerst listig und immer schon von fern die Konsequenzen der ersten Nachgiebigkeit zu sehen. Torheit im eigentlichen Sinne besteht in demjenigen Zustand unserer Gedanken, in dem wir glauben, wir könnten nichts an unseren Gedanken ändern. Der geringste Blitz der Vernunft kehrt vielmehr dahin zurück, eine bessere Ordnung unserer Gedanken zu suchen, und zuerst einmal darin zu glauben, daß eine solche Ordnung von uns abhängt.

Sobald man dieses Selbstvertrauen gewonnen hat, antwortet die Erfahrung. Ein schönes Gedicht, vorgetragen, gelesen oder abgeschrieben, verändert alsbald die Gedankenlandschaft; ja, aber unter der Bedingung, daß man sich mit fester Zuversicht ans Vortragen, Lesen, Abschreiben begibt; denn ein solches Heilmittel ist nichts wert, wenn man es versucht und glaubt, daß es nichts hilft. Anderen wird eine gute Seite Marc Aurel oder Spinoza die gleiche Hilfe leisten; anderen eine einfache Mathematikaufgabe. Aber Vorsicht; man darf nicht wieder in eine erzwungene Aufgabe verfallen, das heißt eine, die sich aufdrängt; vielmehr muß man sich aus freien Stücken eine Aufgabe vornehmen, und gerade auf die Erfahrung der Freiheit kommt es hier an. Die Kombinationsspiele, vor allem die kindlichsten, sind zweifellos ein sehr gutes Heilmittel für diejenigen, die nur noch schwarz sehen; denn eine Aufgabe löscht die andere aus; und eine Aufgabe interessiert nur insofern, als man sie will. Kartenspielen ist mehr wert als das sehr ernsthafte Spiel mit Königen, Damen und Buben, das sich immer von neuem in ehrgeizigen Köpfen abspielt.

März 1934

## *Wildgänse*

Jeder hat schon mal Dreiecke von Wildgänsen am Himmel gesehen, und nun kommt die Jahreszeit der Veränderungen, die uns diese fliegende Geometrie zurückbringt. Das Schöne ist, daß diese Dreiecke wogen wie Wimpel, was den Kampf der Kräfte spürbar macht. Einerseits fließt der Wind wie Wasser, indem er seine Strömungen und Wirbel mischt und wieder auflöst; anderseits ordnet sich die Menge der unveränderlichen Formen in der Bewegung, indem jedes Einzelwesen in die Furche des Vorgängers gleitet und darin glücklicherweise seine Form bereits vorgezeichnet findet. Was die Einzelheiten dieses fliegenden Mechanismus betrifft, so brauchten wir dringend irgendeine Abhandlung von einer geometriekundigen Gans; aber diese kraftvollen Segler denken nicht so weit.

Der Mensch singt ungefähr so, wie die Wildgänse fliegen; denn singen heißt, einen Ton so in die Furche eines anderen einfließen lassen, daß er von der günstigen Luftfalte profitiert; und falsch singen heißt dagegen, sich an dem stoßen, was tragen sollte. Noch offensichtlicher stützt sich jede Stimme auf die anderen und findet sich darin bestärkt, wenn eine Menge von Menschen singt. So steigt das kraftvolle Signal auf und kommt zum Ohr zurück wie ein Zeugnis der Kraft. Daher kennt das Glück des Singens im Chor keine Grenzen; es öffnet wirklich den Himmel.

Diese Art unbeweglicher Vollkommenheit geht unsere Gedanken an: es stimmt sie aufeinander ab, reinigt sie und befreit sie. Aber es ist klar, daß das Glück des Singens zunächst mit dem Glück des Marschierens im Gleichschritt verbunden war, woran die Instrumente erinnern, die den Marsch einer Truppe nachahmen und die in unseren Spielmannszügen soviel bedeuten. Nur ist dieser Marschgesang immer ein wenig barbarisch. Man mußte also wählen. Der Musiker hat sich dafür entschieden innezuhalten. Der Marschierende hat sich mit dem Geräusch der Schritte benügt, das ein furchtbares Zeichen ist, oder er hat ein und denselben Schrei immer wieder ausgestoßen. Durch dieses Mittel ist die Masse der Menschen in jedem gegenwärtig; der Überlegung wird ein Ende gesetzt, denn der Rhythmus kündigt die nächste Handlung an; jeder ahmt den anderen nach, und die Truppe sich selbst. Diese Ordnung ist berauschend; sie allein ist bereits Sieg; sie räumt das Hindernis aus dem Weg, sie zerschmettert es im voraus. So findet sich das Denken, das von sich aus mißtrauisch und argwöhnisch ist, beschwichtigt. Sie fragen, was für Ansichten, Absichten, welche Vorliebe und welchen Haß diese marschierenden Menschen hegen; sie sind ganz einfach glücklich, sie lieben ihr eigenes Marschieren, sie fühlen sich stark, unbesieglich, unsterblich. Man sieht hier die ganze Religion entstehen, ob sie betrachtend oder tätig ist, und den Fanatismus, der den Menschen so natürlich ist, die eine Meinung haben, aber ohne zu wissen welche. Meinungsverschiedenheit und Kritik, die von den Marschierenden stets verfolgt werden, sind verhaßt, weil sie einen zwingen zu wissen, was man denkt; oft wird der Fanatismus sogar dadurch gereizt, daß er anerkannt und erklärt wird. Der wahre

Gläubige weist Beweise zurück, denn ein Beweis ist ein großes Abenteuer. Was wird man im Beweis finden?

Man fragt sich, wie das Denken, der Zweifel, das Prüfen in die Welt gekommen sind. Ich vermute, daß die Seinsweise des Fanatischen gerade durch ihre Vollkommenheit zur Quelle der größten Übel geworden ist. Und warum? Weil die bloße Annahme, daß es irgendwo Dissidenten gibt, die bloße Annahme, daß die ganze Menschenwelt noch nicht übergetreten ist, den Fanatismus alsbald in das wahnsinnigste aller Unternehmen treibt, den Krieg. Ein Fanatismus trifft auf einen anderen. Und es handelt sich dann nicht mehr um Jagd, Fischfang, Gewerbefleiß; man denkt nicht mal mehr daran. Es geht darum, die Schismatiker und Häretiker auszurotten, die auch ihre singenden Bataillone aufstellen. Ohne zu erforschen, woher die Herrschaft des Menschen über die Tiere kommt, merke ich nur an, daß es eben diejenige Vollkommenheit ist, die man Intelligenz nennt, die den Menschen gegen den Menschen aufbringt. Und da die Dinge so sind, wie wir sie sehen, gibt es gewiß nur den Menschen, der fähig ist, den Menschen auszurotten. Vergebens altern die Religionen, denn diese Religion der Religionen, die nichts anderes ist als geweihte Gemeinschaft, altert nicht. Die Religion würde sehr bald seraphisch werden durch musikalische Kontemplation; dann stirbt sie Hungers. Aber die blutrünstige Religion, die, die marschiert und verfolgt, kann nur an Raserei sterben. Diese Folge unermeßlicher Übel, menschlicher und unmenschlicher, muß man immer wieder in ihrer Entstehung bedenken, in ihren ehrenwerten Motiven, in ihren abscheulichen Konsequenzen, die schlimmer sind als jede Pest. Und die Wissenschaft, die ein Heilmittel dagegen gefunden hat, nennt sich Politik. Diese Wissenschaft gefällt nicht, denn sie spaltet; und sie hat mit Notwendigkeit alle Parteien gegen sich, die Dreiecke aus Wildgänsen sind.

1. Oktober 1934

## *Der größte Fehler*

Ich verachte keineswegs die berühmten Tests, die in wenigen Minuten zeigen, ob ein Mensch geschickt oder verkrampft ist, methodisch oder hitzig, aufmerksam oder träumerisch, vergeßlich oder von zuverlässigem Gedächtnis. Das ist ebenso einfach wie sich vergewissern, ob jemand farbenblind ist. Aber nicht alles ist gesagt mit dieser furchtbaren Art zu urteilen. Ich habe einen Menschen gekannt, der ein ausgezeichneter Telephonist war, obgleich er auf einem Ohr fast taub war. Man weiß, daß Demosthenes von Natur stotterte, was ihn nicht daran gehindert hat, seiner Stimme Herr zu werden. Es ist möglich, daß die natürlichen Hindernisse den Willen stärken, wohingegen man oft sieht, daß die glücklichsten Gaben durch Faulheit oder Leichtsinn zunichte gemacht werden. So wird denn die Tätigkeit des Urteilens niemals mechanisch sein und darf es übrigens nicht sein. Ich halte es für den Grundsatz aller Grundsätze, daß man großen Kredit einräumen und das Gute suchen, das heißt, das Gute voraussetzen muß. Wer viel vom Menschen erhofft, wird am besten bedient.

Wenn ich mich frage, warum das so ist, bemerke ich alsbald den springenden Punkt. Denn es ist wahr, daß die ungerechte oder argwöhnische Meinung den Menschen selbst alsbald ungerecht oder argwöhnisch macht. Wie das bei Kindern ganz offensichtlich ist. Es gibt eine Art zu fragen, die die Antwort tötet. Wenn es klar ist, daß der Lehrer nichts Gutes erwartet, läßt das

Kind sich auf das tiefste Niveau fallen. Dagegen ist eine gute Antwort erwarten und sie von ganzem Herzen erhoffen die wahre Art des Helfens. Ich verstehe, daß der Dienstherr nicht die lange Geduld des Erziehers haben kann. Er hat nicht die Zeit dazu. Aber doch ist er in gewisser Weise ein Erzieher; und nie darf er den Menschen zerbrechen unter dem Vorwand, ihn zu bilden. Er muß ihm vielmehr Mut machen und Vertrauen zu sich selbst einflößen. Die Besten sind oft ängstlich und werden dadurch niedergedrückt; und das hängt oft von einer schlechten Art des Regierens ab. Ein ungeduldiger Meister verlängert die Lehrzeit für den Lernenden. Wenn Sie ihm vierzehn Tage geben, um zuzuschauen, zuzuhören, nachzuahmen, zu behalten, dann wird er in einer Woche soweit sein.

Ich nehme als Beispiel das Erlernen des Morsealphabets mit der Pfeife. Das ist schwierig; und wenn der Lernende zu Beginn durcheinandergebracht wird, ist es unmöglich. Aber wenn Sie zunächst langsam vorgehen und sich auf die Korrektur der Fehler beschränken, kommt der Augenblick, da Sie rasch vorangehen können, früher, als Sie gedacht haben. Das heißt immer, der menschlichen Natur vertrauen; und man stellt hier wie überall fest, daß Menschenverachtung das Haupthindernis ist. Aber was mir vor allem der Bemerkung wert scheint, ist, daß diese Krankheit der Menschenverachtung ansteckt. In allen Dienstleistungsbetrieben sieht man sie in Kaskaden herabfallen und alles verderben. Auch Ihr Untergebener nimmt den traurigen Blick an, der nichts Gutes verheißt. Im Grunde ist der niedrigste Diener noch Herr über etwas und irgend jemanden; zum Beispiel muß der Botenjunge eine Auskunft zu erfragen wissen, das heißt sich nützlich machen; und wie er regiert wird, regiert er; nun, menschenverachtend regieren ist unten wie oben ein Mittel, nicht voranzukommen. Daraus leitet sich eine praktische Regel her, die darin besteht, sich keine gute Meinung von denjenigen zu bilden, die trüben Gedanken nachhängen und sich über die Menschen beklagen. Auf allen Stufen gilt, daß derjenige, der sich über die beklagt, die er zu leiten hat, sich selbst anklagt.

Je mehr ich daran denke, desto überzeugter bin ich, daß der größte Fehler der Menschen und fast der einzige der ist, von vornherein die zu beargwöhnen, die er beschäftigt; dieser Pessimismus verdirbt alle Angelegenheiten und verdirbt die Menschen. Wohingegen das gegenteilige Vorurteil, ganz gleich, ob man es von sich oder anderen hegt, aus allem etwas Positives macht. Was immer auch fehlt, sei es Aufmerksamkeit, Gedächtnis, Erfindungsreichtum, immer ist es der Mut, der fehlt. Es ist ein Vorteil, groß zu sein, aber es gibt andere Vorteile für den, der klein ist; man ist nicht so schwer, man geht leichter, man schützt sich geschwinder. So kann man aus allem Nutzen ziehen. Und um das Beispiel noch einmal aufzunehmen, an das ich dachte: das schlechteste Gedächtnis wird unfehlbar, wenn man jeden Morgen fünf Minuten damit verbringt zu wiederholen, was man wissen muß, Telephonnummern und Postgebühren, Adressen, Namen von Menschen, den Stadtplan von Paris, die Geographie des französischen Afrika und ähnliche Dinge. Nur muß man glauben, daß man es kann; man muß Hoffnung in sich selbst setzen. Wer Hoffnung in sich setzt, setzt Hoffnung in Sie; das ist der nützliche Mann. Man muß sehr auf folgendes achten, daß eine der Fallen der Ernsthaftigkeit darin besteht, daß sie leicht in Traurigkeit umschlägt. Hören Sie genau hin, ob in demjenigen, der irgend etwas oder irgend jemanden kritisiert, selbst wenn diese Kritik berechtigt ist, nicht ein Quentchen Bitterkeit liegt; denn dieses Zeichen ist das schlimmste.

März 1936

*Humaniora*

Dezember 1925

## *Von der Technik*

Technik nenne ich jene Denkweise, die sich auf das Tun richtet und sich durch ständiges Versuchen und Tasten belehrt. So sieht man, daß sogar ein sehr unwissender Mensch dadurch, daß er einen Mechanismus benutzt, ihn also berührt und auf alle mögliche Weise und unter allen Bedingungen erprobt, ihn schließlich auf eine gewisse Weise kennt, und zwar ganz anders als der, der ihn zunächst studiert hat; und der große Unterschied zwischen diesen beiden Menschen liegt darin, daß der Techniker das Wesentliche vom Unwesentlichen nicht unterscheidet; für ihn ist alles von gleichem Wert, und nur der Erfolg zählt. Daher kann sich ein Bauer über einen Diplomlandwirt lustig machen; nicht daß der Bauer wüßte oder auch nur vermutete, warum Kunstdünger oder ein neuer Fruchtwechsel oder ein tieferes Pflügen nicht das erbracht haben, was man erwartete; nur hat er durch eine lange Praxis die ganze Kultivierung des Bodens nach feinen Unterschieden geregelt, die er nicht kennt, die er jedoch in Erwägung zieht und die der Diplomlandwirt nicht einmal ahnen kann. Was ist denn das Besondere dieses technischen Denkens? Es besteht darin, daß man mit den Händen ausprobiert, statt durch Nachdenken zu suchen. Die erste Bewegung des Telephonisten, die darin besteht, den Apparat zu schütteln, ist eine Bewegung des Technikers. Und da es eine Weise des Schüttelns gibt, die nützlicher ist als eine andere, hat er natürlich Erfolg; die hauptsächliche Mühe des Denkens besteht hier darin, den Erfolg zur gleichen Zeit wahrzunehmen wie die Umstände und Tätigkeiten, ohne etwas außer acht zu lassen. Ich habe bei Handwerkern ein äußerst zuverlässiges und gleichsam anekdotisches Gedächtnis für ihre geringsten Versuche festgestellt. Dennoch scheint mir, daß man hier zwei Arten von Techniken unterscheiden kann; denn es gibt die, die ohne Schaden etwas erprobt und gleich die Wirkung feststellt, wie es in der Mechanik vorkommt; wohingegen in der landwirtschaftlichen Praxis Versuche teuer kommen und das Resultat lange auf sich warten läßt. Zwischen beide möchte ich den Arzt stellen, dessen Versuche immer tastend und vorsichtig sind, der aber fast immer ohne großes Risiko einen Versuch wagen kann. Es ist klar, daß der Techniker, der von diesen dreien am wenigsten nachdenkt, der Mechaniker ist, der sich bei jeder Schwierigkeit seiner Mittel auf die eine oder andere Weise neu versichert und sie schnell einsetzt, oft sogar bevor er recht hingeschaut hat. Der Arzt beobachtet zunächst. Was den Bauern betrifft, so wird er durch die Praxis seines Berufs dazu geführt, einer Richtschnur zu folgen, die er viele Male erprobt hat. Man könnte die Technik, die sogleich durch die Wirkung korrigiert wird, wie man in der Mechanik, der Physik und der Chemie sieht, unmittelbare Technik nennen. Dann nämlich denkt man mit den Händen, und Tausende von Versuchen führen viel weiter als die scharfsinnigste Beobachtung.

Aber wir müssen die reine Technik beurteilen und sagen, welche Art von Geist sie verspricht. Nun, es ist klar, daß nichts vor Übereilung bewahren kann, sobald das technische Geschick erworben ist; das Tun geht voran, und der Geist bearbeitet nur die Resultate, die Hände sind vorsichtig, aber der Geist ist es nicht, da er sicher ist, daß er stets durch die Sache korrigiert wird. »Wollen mal sehen«, das ist das Wort eines Mechanikers oder eines Fachmanns für Chemie. Was ich zu bedenken geben möchte, ist, daß die Mathematik, die in ihren ersten Versuchen kontemplativ ist, entschieden technisch wird durch die Verwendung des Rechnens, und zwar um so mehr, je komplizierter die Probleme werden; ich sage technisch, sogar in der Forschung, wie man bei Leibniz und Euler sieht, die geschickt sind im Versuchen und wirklich eine Art zu schreiben so umformen, wie andere es schaffen, einen widerspenstigen Mechanismus in Gang zu setzen. Der mathematische Geist läßt sich ziemlich gut erklären durch Bemerkungen dieser Art. Man könnte sagen, der Mathematiker sei eher Arbeiter als Denker. In jedem Techniker, sei er Mathematiker oder Chemiker, findet man immer diese Ungeduld, die das Tun erfordert und die nicht zu denken weiß, bevor das Objekt antwortet; und als natürliche Folge diese Leere des Geistes, die daraus entspringt, daß die Idee immer auf das Verfahren bezogen wird, was sogar den Begriff des Wahren und des Falschen auslöscht. Der Techniker ist Skeptiker, bevor er einen Versuch angestellt hat; beachtenswert aber ist, daß er es nach dem Versuch noch mehr ist, und nach einer langen Reihe von Versuchen noch mehr. Eine Idee findet man nämlich nicht, man muß sie hervorbringen.

## *Pragmatismus*

Dieser barbarische Name Pragmatismus bezeichnet nichts als den technischen Geist, der sich vornimmt, nur seine Tätigkeit zu denken und als Beweis nur Resultate zu erhalten. Man hat das Labor vergöttert; aber das ist nur eine Wirkung der Tyrannei der Techniker, die verlangen, daß die Maschine spricht. Und es ist fast ein Gebot der Höflichkeit, die letzte Maschine zu bewundern, die mächtigste, die es auf der Welt gibt; aber diese Bewunderung führt zu nichts; der Geist verharrt vor ihr gleichsam stumpf; die einzig vernünftige Regung besteht dann darin, selbst die Maschine in Gang zu setzen; und auch dieses Vergnügen nutzt sich sogleich ab, weil der Geist darin keine Nahrung findet; diese unruhige Langeweile ist eine der Ursachen des Krieges, und zwar genau durch das Bedürfnis, eine noch mächtigere Maschine zu bauen, vor allem aber durch diese Wut, sie zu erproben. Dieser Geist ist zerstörerisch.

Wenn es irgendeine Zivilisation und eine Kultur gibt, auf die man hoffen kann, so darf man sie nicht auf diesem Wege suchen. Es fehlt das Humane darin, in jeder Hinsicht. Denn einerseits setzt das Humane jene Bewegung des Geistes voraus, die zunächst einmal hinschaut und sich des Berührens und Veränderns enthält; ohne diese Disziplin gibt es niemals Zeit für die Achtung; es ist so leicht, etwas zu erproben; und ein Versuch führt zum anderen; wie geschickt auch immer, ist diese Bewegung doch brutal und gereizt; es ist die despotische Bewegung. Und das ist der wahre

Grund dafür, dem zu mißtrauen, was die Dinge lehren, wenn man diese Lehre durch ihren eigenen Charakter definiert, der darin besteht, daß darin das technische Tun bei weitem dem geistigen Tun vorangeht. Kinder haben einen ausgeprägten Geschmack an Experimenten, in denen das Objekt auf die Folter gespannt und aufgefordert wird zu antworten. Das Kind zerbricht die Dinge und quält die Tiere aus jener Wut, zu erfinden ohne nachzudenken; diesem Mißbrauch der Kraft, der so eng verbunden ist mit der Regsamkeit des Wachstums, entspricht die kalte Grausamkeit derer, die Vivisektionen durchführen, die Hunderte von Tieren opfern, wo es doch genügen würde, mit Zurückhaltung zu betrachten und nachzudenken, um die richtige Antwort zu erhalten. Der Chirurg ist, verglichen mit dem Arzt, auch einer dieser hitzigen Menschen, die eine Aufgabe nur mit den Händen zu lösen verstehen. Diese Methode ist die natürlichste und in uns allen die erste. Eben dadurch führt man den Krieg mit allen Mitteln, sobald man ihn begonnen hat; und auf diese Weise ist Krieg in dem geringsten Leben und Treiben der Industrie, vor allem der, die schmelzt, auflöst und umgießt; denn für diejenige, die das Material, wie etwa die Hanffaser oder das Fichtenbrett, als solches benutzt, gibt es immer einen Augenblick des Betrachtens oder des Einhaltens, der schön ist. Aber das eiserne Zeitalter erstreckt sich auf alle Handwerkszweige, und die Papierindustrie löst den Baum zunächst in Brei auf. So sind alle Übel miteinander verbunden und verketten sich nach dem unbeugsamen Gesetz dessen, was man den Rausch der Technik nennen muß.

Das Humane fehlt in diesen ungeduldigen Forschungen auch noch in einem anderen Sinn, weil ihnen der historische Geist fehlt. In der Technik zählt nur das neueste Werkzeug. Man macht sich lustig über den altertümlichen Pflug mit dem hölzernen Dorn, und die Industriemuseen sind nur dazu da, uns Verachtung zu lehren. Denken wir dagegen an die Achtung, die noch heute die Geometrie Euklids und die Astronomie des Hipparch – beide kontemplativ – verdienen, die eine durch die freiwillige Disziplin, die andere durch die Notwendigkeit, die uns völlig davon abhält, an den Dingen des Himmels etwas ändern zu wollen, die so offensichtlich unserem Zugriff entzogen sind. Das sind also Gedanken, an denen man den Menschen erkennt; und wer sich anmaßt, schneller gehen zu können als sie, wird bald gedemütigt; wohingegen man sich lustig macht über einen Arbeiter, der eine Eisenstange durchsägt, statt sie mit dem Schneidbrenner zu zerlegen. Aber wenn man dieser Idee folgt, erkennt man den Wert der sogenannten humanistischen Bildung, die so gut den ganzen Menschen in den großen Werken wiederfindet. Daher nennt man diese Studien zu Recht Humaniora. Aber es gibt auch eine unmenschliche Geschichte, die endlos ins Detail geht und die größten Vorbilder verachtet; worin man eine der letzten und verborgensten Wirkungen des technischen Tuns erkennen muß. Denn wer die Archive durchforscht, macht sich lustig über den, der Homer immer wieder liest. Ist das nicht zur Genüge bekannt? Auch solches Denken folgt dem Tun; der Historiker liest, analysiert, klassifiziert, zerlegt die Dokumente entsprechend seinem Karteikasten und schlägt stolz irgendeine Arbeit vor, die noch nicht geschrieben worden ist; worüber der andere Techniker lacht, der sicher ist, etwas anderes zu finden; ein anderer läuft nach Tibet, aber er vergißt oder übersieht gewiß etwas; und zwar etwas, was äußerst wichtig sein wird, wenn man es eines Tages entdeckt; auch hier geht das Tun voran, und das Denken folgt. So geht die historische Idee zugrunde durch die historische Technik. Und diese technische Raserei ist in Deutschland ausgeprägter als bei uns, weil Deutschland ein Industrieland ist. Im Grunde ist es der Geist des Ackerbaus, der immer sehr kontemplativ ist und der die wahre Kultur rettet; wofür die *Georgica* des Vergil nach dem Gedicht des Hesiod ein sehr überzeugendes Symbol sind.

## *Von der Scholastik*

Scholastik muß man jenes Ausarbeiten und Vervollkommnen des Wissens nennen, das darauf abzielt, die Texte miteinander abzustimmen. Wenn es kein Objekt in der Erfahrung gibt, das unsere Urteile berichtigen kann, dann ist die scholastische Methode die einzige; aber selbst wenn die Objekte zur Verfügung stehen und antworten könnten, wäre die scholastische Methode noch immer die erste, weil die uns nächste Welt immer die Menschenwelt ist und weil die Übereinstimmung mit den Menschen für jeglichen Denker von größter Dringlichkeit ist. Man kann sogar sagen, daß jede Idee zunächst scholastisch ist; denn die Technik, die im Gegensatz zur Scholastik die Übereinstimmung mit der Sache sucht, ist natürlicherweise stumm und wird durch Nachahmung und Lehrzeit weitergegeben. Und selbst wenn die Techniker dank reicher scholastischer Vermittlung diskutieren könnten, tun sie es doch nicht gern; ihre Werke sind es, die sprechen.

Daß die Übereinstimmung jeder Idee vorausgeht und daß die Meinungsverschiedenheit zur Übereinstimmung hinzukommt, ist ganz offensichtlich, wenn man bedenkt, daß der Erwerb der ersten Ideen zur selben Zeit stattfindet wie die ersten Sprechversuche. Indem ich die historischen Ursprünge beiseite lasse, die Diskussionen ausgesetzt sind, sage ich nur, daß jedes Kind jahrelang mit denen denkt, die es lehren, und daß seine ganze Tätigkeit darin besteht, sich in Übereinstimmung mit ihnen zu bringen. Wir werden scholastisch gebildet, wie es das Wort zum Ausdruck bringt.

Und der einzige natürliche Einwand entspringt dann einem anscheinenden Widerspruch zwischen dem, was gesagt wurde, und dem, was gesagt wird. So verlangt man denn auch zunächst von einem Autor, daß er dasjenige nicht leugnet, was er gesagt hat. Denn wenn ich glaube, daß er leugnet, was er gesagt hat, dann ist das so, als ob ich nicht mit ihm übereinstimmen könnte, ohne ihm zu widersprechen. Wenn er zum Beispiel gesagt hat, daß die Sterne sich bewegen, und nun sagt, daß die Erde sich bewegt, oder wenn er sagt, daß dieses Wollknäuel schwerer sei als dieses Blei oder dieser Metallbarren, obgleich er zugibt, daß Blei schwerer ist als Wolle, so handelt es sich in Wirklichkeit darum, die Worte besser zu verstehen, die er verwendet; und die Übereinstimmung wird viel schwieriger sein, wenn er sagt, daß das Eigentumsrecht ungerecht ist oder daß Gott diejenigen prüft, die er liebt.

Aber was immer auch die Frage sei, jede Diskussion bezieht sich auf eine Übereinstimmung, die keinen Zweifel läßt, und führt weiter zu einer Übereinstimmung, die der ersten sehr nahe liegt, um die Streitenden schließlich zu versöhnen. Platon spielt dieses Spiel mit einer Geduld, die zunächst die erstaunt, die es gewohnt sind, direkt auf die Tatsachen zuzusteuern. Aber welche Tatsache wird denn entscheiden, ob es besser ist, gerecht oder ungerecht zu sein?

Dazu muß man, indem man weite Räume durchmißt, sagen, daß wir allzu geneigt sind zu glauben, daß die Erfahrung über wahr und falsch entscheidet. Das berühmte Foucaultsche Pendel will beweisen, daß die Erde sich dreht; und wenn ich sehe, wie dieses Pendel seinen Weg in den Sand schneidet, scheint mir, daß ich sehe, wie die Erde sich dreht. Aber was hindert mich zu sagen, daß das, was sich um die vermeintlich unbewegte Erde dreht, das Pendel Foucaults eigentlich zieht, nämlich durch Anziehungskraft, Reibung oder sonstwie? Und, wie der berühmte Poincaré sagte, wenn irgendein astronomisches Dreieck eine Winkelsumme aufwiese, die von zwei rechten abwiche, so hätte man doch die Wahl zwischen zwei Entscheidungen, von denen die eine wäre, die Geometrie Euklids aufzugeben, die andere, die Optik zu ändern. So sollte man denn nicht allzusehr lachen über die theologische Vorschrift, alle neuen Tatsachen durch subtile Interpretationen auf Prinzipien zurückzuführen. Wir lesen, daß gewisse Eingeborene glauben, ein inständiges Gebet führe Regen herbei, wenn aber der Regen ausbleibt, sie ohne weiteres sagen, daß nicht gut gebetet wurde. Das erscheint uns fremd und fast lächerlich. Aber ich lache über den, der hier lacht. Diese Bewegung des Geistes ist unsere Scholastik im Abriß; und unsere Scholastik ist unser Denken. Der eine will, daß die Bibel für alles genügt. Was mich angeht, so lese ich Platon mit der Idee, daß Platon für alles genügt; und ich höre jedem Menschen, der meine Sprache spricht, mit der Idee zu, daß er etwas Wahres sagt und daß er recht hat. Denn was hieße sonst zuhören? Und was wäre lesen? Und indem ich von dieser Idee ausgehe, die die Mutter aller Ideen ist, bemühe ich mich, die Schwierigkeiten des Anscheins zu überwinden. Denken ist zunächst immer das. Die Dinge werden die Ideen schon berichtigen, wenn man Ideen hat; aber sie schenken uns keine.

## *Vom Erwerb der Ideen*

Zu behaupten, daß alle Ideen aus der Erfahrung stammen, ist nicht sehr nützlich. Es gibt keinen Gedanken, der kein Objekt hätte, und sei es nur ein Buch; und ein Buch ist nichts Geringes, vor allem, wenn es alt und berühmt ist. Aber dieses Beispiel zeigt, daß es zweierlei Erfahrung gibt. Eine Sache kennen ist Erfahrung; ein menschliches Zeichen kennen ist Erfahrung. Und man kann zahllose Irrtümer anführen, die von einem menschlichen Zeichen stammen und die die andere Erfahrung deformieren, wie zum Beispiel eine Vision, ein Aberglaube, ein Vorurteil; aber man muß auch beachten, daß unsere solidesten Erkenntnisse, die die äußere Welt betreffen, gehörig erhellt werden durch übereinstimmende menschliche Zeichen. Es ist unmöglich zu wissen, was eine Sonnenfinsternis ist, wenn man auf sich allein angewiesen ist, und selbst zu mehreren in einer Generation; und wir wüßten nicht, daß Arktur sich vom Großen Bären entfernt, wenn Hipparch uns nicht ein kostbares Fixsternverzeichnis hinterlassen hätte; so könnte man denn sagen, daß wir nie eine Idee allein hervorbringen, sondern daß wir stets der Idee eines anderen folgen und sie verbessern. Wir gehen also, ausgerüstet mit Zeichen, auf die Dinge los; und die alten Zaubersprüche bewahren noch eine naive Erinnerung dieser Bewegung; denn es ist zutiefst wahr, daß wir den Schein durch das menschliche Zeichen überwinden müssen. Es ist also von nicht geringer Bedeutung für die Erfahrung, wenn man die richtigen Zeichen kennt. Zum Irrlicht sagt der eine: die Seelen der Toten, und der andere sagt: Schwefelwasserstoff. In der Erinnerung an einen Traum sagt der eine: Botschaft der Götter, und der andere sagt: unvollkommene Wahrnehmung, je nach den Bewegungen des menschlichen Körpers. Was den Naturmenschen betrifft, der ganz allein auf die Sache zugeht, ohne irgendein Zeichen zu kennen, ohne irgendeines zu erproben, so ist das ein Fabelwesen, das nie geboren wurde.

Der wirkliche Mensch wird von einer Frau geboren; eine schlichte Wahrheit, aber von großer Konsequenz, die nie mit der rechten Aufmerksamkeit bedacht wird. Jeder Mensch war zunächst in menschliches Gewebe eingeschlossen, später dann in menschliche Arme; es gibt keine Erfahrung, die dieser Erfahrung voranginge; so ist seine erste Welt beschaffen, nicht Welt der Dinge, sondern menschliche Welt, Welt der Zeichen, von der seine gebrechliche Existenz abhängt. Fragen Sie also nicht, wie ein Mensch seine ersten Ideen bildet; er empfängt sie mit den Zeichen; und das erste Erwachen seines Denkens geschieht zweifellos, um ein Zeichen zu begreifen. Was wäre das für ein Kind, dem man zuerst die Dinge und nicht zuerst die Menschen gezeigt hätte! Wo ist der, der aus sich heraus rechts und links, die Woche, die Monate, das Jahr gelernt hätte? Ich bedauere sehr jene Philosophen, die herausfinden möchten, wie sich die erste Idee der Zeit durch einsames Nachdenken hat bilden können. Sind Sie neugierig, die Ideen des ersten Menschen zu erfahren, des Menschen, der nie geboren wurde? Entwicklung, das lasse ich mir gefallen; aber Ursprung, nein. Und gerade hier fasse ich einen wichtigen Begriff, der die Entwicklung betrifft. Ohne Zweifel hat jeder Mensch Zeichen erkannt, bevor er die Dinge erkannte. Sagen wir noch mehr; sagen wir, daß er Zeichen verwendet hat, bevor er sie begriff. Das Kind weint und schreit, ohne zunächst etwas bezeichnen zu wollen; aber es wird sogleich von seiner Mutter verstanden. Und wenn es Mama sagt, was nur der erste und leichteste Laut der Lippen ist, begreift es, was es sagt, nur durch die Wirkungen, das heißt durch das Tun und die Zeichen, die seine Mutter ihm sogleich zurückgibt. »Das Kind«, sagte der scharfsinnige Artistoteles, »nennt zunächst alle Männer Papa.« Indem es die Zeichen erprobt, gelangt es zu Ideen; und es wird längst verstanden, bevor es versteht; das heißt, es spricht, bevor es denkt.

Beachten Sie, daß der erste Sinn eines Zeichens die Wirkung ist, die es auf andere ausübt. Das Kind erkennt also zunächst den menschlichen Wortlaut durch rein mechanisches Erinnern, erst dann entziffert es den Sinn auf dem Gesicht seines Mitmenschen. Ein Zeichen erklärt sich durch ein anderes. Und der andere empfängt seinerseits sein eigenes Zeichen durch ein menschliches Gesicht; jeder lernt also vom anderen, und das ist eine schöne Freundschaft. Welche Aufmerksamkeit wäre derjenigen der Mutter vergleichbar, die ihr Kind zu verstehen sucht und sich alle Mühe gibt, daß es versteht, und die, indem sie belehrt, sich belehrt. In jeder Versammlung zeigt sich die gleiche Beziehung; jedes Denken vollzieht sich also zwischen mehreren und ist Gegenstand des Tausches. Denken lernen heißt also, sich aufeinander abzustimmen lernen; gut denken lernen heißt, sich mit den hervorragendsten Menschen durch die besten Zeichen abzustimmen. Man muß die Zeichen prüfen, zweifellos; das ist Sache der Dinge. Aber zunächst die Zeichen in ihrem menschlichen Sinn erkennen, so ist die Reihenfolge. Belehrung durch die Dinge, die stellt sich immer verfrüht ein; Belehrung durch die Zeichen, Lesen, Schreiben, Vortragen, das alles ist viel dringender. Denn wenn es nicht unsere ersten falschen Ideen sind, die wir allmählich zum Wahren hinführen, dann denken wir vergeblich. Wie es uns mit den Wunderwerken der Technik geht; der ganze Geist steckt in der Maschine, und wir bleiben dumm.

## *Von den universalen Ideen*

Eine Idee nennt man allgemein, wenn sie mehreren Objekten entspricht; aber wenn man sagt, eine Idee sei universal, so will man keineswegs sagen, sie entspreche allen Objekten; denn es gibt nur die Ideen des Möglichen und des Seins, auf die das zutrifft, und die sind sehr abstrakt und hohl. Und was die Ideen des Raumes, der Zeit und der Ursache angeht, die ganz offensichtlich Beziehungen sind, so kann man nicht sagen, daß sie zu irgendeinem Objekt gehören; man könnte eher sagen, daß sie notwendig sind, das heißt, daß jedes Denken sie bildet, ohne sie willkürlich ändern zu können. Da es also Ideen gibt, die allen Geistern gemein sind, sind es eben diese Ideen, die man universal nennen muß; und damit hält man sich an den allgemeinen Gebrauch; denn wenn man sagt, daß etwas allgemein gilt, will das sagen, daß die Erfahrung die meisten Menschen dahin durch lauter Einzelfälle führt, die einander ähneln. Wohingegen man, wenn man sagt, daß etwas universal gilt, ausdrücken will, daß es für jeden, der die Frage versteht, klar und unleugbar ist.

Sagen wir also, daß eine Idee nicht deswegen universal ist, weil sie allgemein ist. Die Idee des Mana, wie gewisse Eingeborene sie hegen, das eine unsichtbare Macht bezeichnet, die in allem Sichtbaren verborgen ist, ist so allgemein, wie es eine Idee nur sein kann; aber die Kritik hat sie noch nicht als universal aufgenommen, das heißt, daß wir noch keinen sicheren Weg entdeckt haben, um sie zu begreifen. Die Idee des Kreises dagegen, die nicht allen Objekten entspricht, entspricht allen Geistern, will sagen, daß es Wege gibt, die jeden Denkenden dahin führen, diese Idee korrekt zu bilden; man muß sie also universal nennen. Die Techniker betrachten die Ideen meistens als allgemein; das sind dann Faustregeln, die auch gut für diejenigen sind, die sie nicht verstehen; zum Beispiel kann eine Sterblichkeitstabelle von einem Menschen benutzt werden, der sie gar nicht aufstellen könnte; ebenso eine Logarithmentafel. Aber es ist klar, daß Ideen, wenn man sie so auffaßt, keine Ideen im eigentlichen Sinne mehr sind. Die wirkliche Idee ist in diesen Fällen die beweisbare Theorie, die sich jedem, der entsprechend vorbereitet ist, aufzwingt; nicht weil sie allgemein ist, ist sie Idee, sondern vielmehr, weil sie universal ist. Gäbe es nur einen einzigen kreisrunden Gegenstand in der Erfahrung, so wären der Kreis und die Zahl Pi darum nicht weniger universale Ideen. Und übrigens gibt es strenggenommen keinen kreisrunden Gegenstand. Der Kreis ist ein Mittel unter anderen, das es erlaubt, sich wirklichen Formen zu nähern und sie immer besser zu bestimmen. Vielleicht könnte man sagen, daß in Wirklichkeit keine Idee allgemein ist, es sei denn durch Gebrauch und Bequemlichkeit, sondern daß jede Idee stets universal gedacht wird. Und wenn der erste Teil dieser Formel zur Diskussion steht, so läßt der zweite keine Diskussion zu. Solange ich denke, und mag mein Gedanke noch so dunkel und unaussprechlich sein, denke ich für jeden Geist; und da dieser Begriff eines gestaltlosen Geistes etwas Unbestimmtes hat, sagen wir vorsichtig und mit Sicherheit, daß jedes Denken Denken für den menschlichen Geist ist. So ruft jeder Mensch, der sich ungerecht behandelt fühlt, in seiner Einsamkeit irgendeinen unparteiischen Menschen an, weil er überzeugt ist, daß ihn die Menschen seiner Umgebung, wenn sie mit seinem Urteil nicht übereinstimmen, nicht begreifen können oder wollen. Und das ist die Idee der universalen Übereinstimmung, die sich in dem volkstümlichen Beweis, stets angerufen, stets umstritten, verbirgt. Es gibt zweifellos keine Frage, in der alle Menschen übereinstimmten, nicht einmal hinsichtlich der einfachen Rechenvorgänge mit den ersten vier Zahlen; denn es gibt Narren und Idioten, ganz abgesehen von denen, die man nicht befragen kann. Das hindert nicht, daß man jeden beliebigen Gedanken bildet für die Menge aller gegenwärtigen und zukünftigen Menschen; und in dem Maße, wie die Beweisführungen Zugang finden bei aufmerksamen und wohlvorbereiteten Menschen, wird die Idee menschlich. Man ersieht daraus auch, welche Stütze man, wenn man recht denken will, in der Übereinstimmung der größten Geister der vergangenen Jahrhunderte findet; und daß diese Übereinstimmung auf jeden Fall zustande kommen muß oder daß man irgendein Mittel suchen oder entdecken muß, sie zustande zu bringen; denn widerlegen heißt sich widerlegen. Aus diesem Grunde müssen die Ausdrücke der ältesten Autoren, die zugleich kindlich und kraftvoll sind, schließlich anerkannt werden als Teil des Allgemeinguts, das heißt des gemeinsamen Geistes. Wenn Platon Unsinn redet oder Homer oder die *Nachfolge Christi*, dann gibt es keinen menschlichen Geist mehr. Wer es nicht verstanden hat, der Unterschiede, der Metaphern und der Mythen Herr zu werden und sich schließlich in ihnen wiederzufinden, der versteht nicht zu denken. Die humanistische Bildung führt also viel weiter, als man glaubt.

## *Der gerechte Geist*

Man sagt: ein gerechter Geist, man sagt nicht: ein ungerechter Geist, aber diese Bedeutung wird durch die andere vorausgesetzt. Die Erkenntnis der Dinge ist nicht das schwierigste; und Sokrates wagte sogar zu sagen, sie sei nicht das dringendste. Ich kann heutzutage feststellen, daß seit zwanzig Jahren die Generationen sich an einen strengen Tatsachengeist halten und mit Leichtigkeit die Art von Kenntnissen beherrschen, die uns zu Herren der Dinge macht. Es wäre ein Irrtum zu glauben, daß diese Bildung genügt, um einen gerechten Geist hervorzubringen. Der Geist ist immer gerecht hinsichtlich der Dinge, sobald er sie kennt; und fügen wir hinzu, daß er sie immer kennt, sobald sein Handwerk ihn dazu zwingt; aber diese Kenntnis ist weit davon entfernt, den Sinn des schönen Wortes gerechter Geist zu erschöpfen. Die Menschheit muß man nach anderen Prinzipien beurteilen. Die Menschen unter der Idee der Notwendigkeit sehen, das ist niedrig, das ist nicht gerecht. Je mehr sie sich darin eingeschlossen finden, desto mehr sinken sie ab. Die Annahme, daß Kaufleute stehlen, soviel sie nur können, macht sie in der Tat zu Dieben; zu Dieben, aber nicht zufrieden. Es sind vielmehr Dichter und Moralisten.

Wenn man bei Marc Aurel liest: »Das innere Wesen vor Beschmutzung bewahren«, hält man ihn für weit entfernt vom Gewöhnlichen. Aber schließlich war er ein Mensch, war nichts als ein Mensch. Gar nicht so weit weg vom Gewöhnlichen. Viele Könige danken ab, ohne daran zu denken; aber in die ausdrückliche Abdankung willigt niemand oder fast niemand ein; daher die Kriege. Den Gedanken, Furcht zu erleiden und ihr nachzugeben nach Art der Tiere, erträgt man nicht. Furchtbares Erwachen. Es ist wahr, daß der Misanthrop und der Geometer dadurch keineswegs erhellt werden, daß der eine sagt, die tierische Wildheit schlummere nur, was nicht mal eine Halbwahrheit ist, und der andere, Krieg sei notwendig und im Grunde schicksalhaft, und daß kein Wille etwas daran zu ändern vermöge. Das sind zutiefst ungerechte Urteile, die den falschen Geist hervorbringen. Der Krieg ist eher eine Krise der Angst, in vielem überhöht durch eine Entladung der Freiheit. Diese Entladung schießt aber über ihr Ziel hinaus; um den Frieden zu sichern, müßte man nur fest an den menschlichen Heroismus glauben. Aber es ist hier wie in der technischen Forschung, wo der Mensch lieber einen Versuch anstellt, statt zu urteilen. Denn der Anfang des Versuchs erschreckt niemanden; wenn man sich dagegen etwas fest vornimmt, ist das etwas anderes. Der falsche Geist ist also hier wie überall ein Geist ohne Mut.

Das Objekt übernimmt die Aufgabe, uns die Notwendigkeit zu lehren; keine Sorge. Aber wie soll man Glaube, Hoffnung und Nächstenliebe lernen? Wie, wenn nicht durch Bewunderung und Nachahmung der besten menschlichen Vorbilder? Das Kind schlägt ohne Umschweife diesen Weg ein, stark durch Unwissenheit; gerade das aber ist die eigentlich menschliche Bewegung. Der Fehler des Urteils liegt also darin, nicht an die Menschheit zu glauben. Der schönste Mythus ist der des Herkules; er ist das Vorbild, das der Mensch sich gegeben hat; und dieser Gefährte macht Mut im vollen Sinne des Wortes. Ich sage also, daß man, um zu urteilen, Seelengröße braucht und sogar Erhabenheit. Nicht ohne Strenge; ich habe festgestellt, daß der, der viel verachtet, auch viel verzeiht; umgekehrt aber, daß der, der sehr schätzt, auch viel fordert; indem er über Geringfügigkeiten hinwegsieht, bei schweren Fehlern aber immer die verborgene Tugend und den erklärlichen Irrtum sucht, was eine Art Nachsicht ist, jedoch ohne die geringste Selbstgefälligkeit. Ich spreche hier nur von dem bloßen Urteil; ich lasse die Strafen beiseite, die einem anderen Bereich angehören. Streng in einem gewissen Sinne kann ich jenen Menschen nennen, der den Menschen dazu verurteilt, aus Notwendigkeit seiner Natur heraus unwissend, verlogen, brutal zu bleiben; aber viele werden in einem ganz anderen Sinne denjenigen streng nennen, der immer an den Gipfel der Seele klopft und abwartet.

## *Von den Stoikern*

Man kennt die Stoiker nur durch ihre Moral, die sich mit Platon den Ruhm teil, der allgemeinen Sprache ein Adjektiv geschenkt zu haben. Aber ihre kraftvollen Maximen stützten sich auf Überlegungen, die, scheint mir, so weit führen, wie man in der Theorie des Denkens überhaupt gegangen ist. Und was auch die Gelehrten darüber sagen, dieser Teil ihrer Lehre, den sie Logik nannten, ist nicht weniger getreu überliefert worden als der andere; er ist nur ein wenig schwerer zu verstehen. In der Tat führen die Stoiker die hellenische Tradition gründlich zu Ende, indem sie schließlich die Ideen dem Urteil unterwerfen, über die bereits Platon etwas Höheres stellen wollte. Dennoch wird er mit vollem Recht als der Philosoph der Ideen angesehen; denn sein Werk bestand darin, zu zeigen, wie die unfaßbaren Erscheinungen Heraklits in eine Ordnung gebracht werden durch feste Sicherungen, von denen die Zahl, die Gerade, der Kreis die bekanntesten Belege sind. Das berühmte Höhlengleichnis und das, was ihm folgt, das Idee und Zeichnung am Objekt der Geometer unterscheidet, erklären noch heute unsere ganze Wissenschaft.

Dagegen hat sich Aristoteles mit entschiedener Schärfe aufgelehnt, nachdem er sie zwanzig Jahre studiert hatte. Und dieser zweite Schritt des Denkens ist nicht minder schön. Denn gewiß existieren die Ideen nicht; was existiert, ist dieses oder jenes besondere Ding, dem keine Idee gleicht; und es ist das Individuelle, das alles trägt; denn nicht der Grieche ist Musiker, sondern es ist Sokrates, der zugleich Musiker und Grieche ist. Und wenn die Ideen nicht einmal die Macht haben, einander ohne fremde Hilfe zu stützen, so darf man noch weniger glauben, daß sie sich ewig als Modelle aller Dinge erhalten. Es ist der Handwerker, der ein Bett herstellt nach dem Modell des Bettes, aber die Natur ist darin tätig; und in jede Natur ist ihr eigenes Modell einzigartig eingeschlossen. Das drückt der strenge Philosoph durch zwei Worte aus: stoffliche Form, und er sagt einerseits Form statt Idee, um die Abstraktion der Sache anzunähern; und zweitens weil er zu verstehen geben möchte, daß die wahre Idee der Sache die Sache selbst ist, zuinnerst die Sache selbst, was ihn in die erstaunlichste Metaphysik gestürzt hat, die man bei Leibniz in Form gebracht findet. Vor allem mußte das abstrakte Mögliche in den Rang des Vermögens erhoben werden, daß auf diese Weise alles Individuelle seine Vollendung in sich selbst hatte und sich nur verändern konnte, indem es sie entwickelte. Daher ein Gott ganz in Tätigkeit und lebendig; ewiges Thema der Theologen. Aber obgleich diese Philosophie schlichter war, war sie doch noch zu weit von der Erde entfernt. Die Stoiker gingen geradewegs auf diese Frage zu.

Wenn nur das Individuelle existiert, ist keine allgemeine Idee wahr, aber man darf daraus nicht ableiten, daß das Denken sich in der bloßen Wahrnehmung verlieren müsse. Die wahre Idee muß eine wahre Wahrnehmung sein; aber die Bedingung einer solchen Wahrnehmung ist zweifach. Denn einerseits muß es so sein, daß der Geist sie nach seinen Formen entwirft; und in diesem Sinne ist der ganze Platonismus wahr; daher hielten die Stoiker an der All-Vernunft fest, wie man sagt. Aber anderseits mußte die verstandesmäßige Wahrnehmung gleichzeitig sensibel sein, das heißt, das Individuelle mit seinen Unterschieden erfassen; was zeigt, daß die Idee nur ein Mittel ist und daß das Wahre ständig entdeckt werden muß, da es offensichtlich zwischen allen Wesen und in einem jeden von ihnen eine endlose Vielfalt gibt. Da also ist das Denken an der Arbeit und in Tätigkeit, indem es ständig seine Ideen anwendet und sie nach Methode und Gegenstand gleichzeitig differenziert. Rezeptiv und spontan, wie sie mit einem Wort sagten, so ist die Wahrnehmung in Tätigkeit; und Weisheit besteht in eben dieser Arbeit und keineswegs in dem Besitz einer Idee. So sagten sie denn, wobei sie stillschweigend davon ausgingen, daß keine Idee wahr ist, daß der Weise sich niemals irrt, weil seine Geistesbewegung sich auf das Wahre richtet; Kleanthes ist weise, sobald er lernt, und wäre er auch nur erst bei den Anfangsgründen, denn er geht durch die Ideen auf die Dinge zu; eben dieses Fortschreiten ist das Wahre. Sie sagten auch, es sei der angespannte Geist, der der wahre Geist sei; und daß somit gut denken erfinden heißt und nicht empfangen. Darin würde Platon sich völlig wiedererkennen; denn in seinem Höhlengleichnis hat er alles gesagt, daß nämlich der Weise die Schatten schließlich erklären muß. Aber Platons Genius ließ zweifellos zu viel zu erraten; abgesehen davon, daß der politische Dämon ihn dahin brachte, die Dinge neu zu ordnen, statt sie zu betrachten, wie es halt vorkommt. Und zweifellos bedurfte es des Aristotelischen Genius, der fester in der Erde verwurzelt war, daß die Logik gemeistert wurde und daß die Stoiker schließlich sagen konnten, alle Fehler seien gleich. Was Cicero nie hat begreifen können, weil er nicht ahnte, daß auch alle Irrtümer gleich sind, nämlich als Söhne der Trägheit und der Feigheit.

# *Disziplinierung der Einbildungskraft*

Sobald man denkt, legt sich die Stirn in Falten, wie man es bei einem sorgenvollen Menschen sieht. Diese Falten verändern weder die Additionen noch die geometrischen Berechnungen; und man nennt sehr zu Recht abstrakt jene Kenntnisse, die sich auf diese Weise bilden, ohne daß die Gesten diszipliniert sind. Die Zerstreutheit, die einen oft bei sehr gelehrten Leuten lachen läßt, ist ein Zeichen, daß ihre Ideen weit entfernt sind von ihrer Natur. Der Tanz ist dem genau entgegengesetzt, weil dabei die Geste den ganzen Geist in Anspruch nimmt. Zwischen beiden liegt die Tätigkeit des Nachdenkens, die sich natürlich immer auf die schwierigsten Probleme erstreckt wie den Frieden, die Gerechtigkeit, das Schicksal. Daher sieht man kaum andere Leute mit dem Nachdenken beschäftigt als unglückliche. Es vergeht kein Tag, an dem man nicht in Paris einem hageren Menschen begegnet, der für sich allein gestikuliert und vor sich hinspricht; und in diesem Falle ist es ganz klar, daß Wort und Geste vorausgehen und die Ideen nachkommen, ohne je innezuhalten, ohne sich je von der Aufmerksamkeit einholen zu lassen. Außersichsein muß man diese Heftigkeit des unbeherrschten Menschen nennen; wovor sich die Vorsichtigen durch Kartenspiel und Austausch von Höflichkeiten hüten. Das ist der Beweis dafür, daß man einer ergreifenden Idee niemals nachgehen kann, wenn nicht gleichzeitig die Einbildungskraft diszipliniert ist. Deshalb darf man nicht viel von jenen festgelegten und schmucklosen Ideen erwarten, die man den Kindern vorsetzt und die selbst im günstigsten Fall rechnende Affen hervorbringen, die im Grunde plump und ohne Zucht und oft bösartig und unglücklich sind. Ich möchte, daß sie viel näher bei sich selbst denken und daß die Einbildung bereits in ihren ersten Ansätzen ergriffen wird; was die Märchen vorzüglich leisten; und daß die Idee darin oft verborgen ist, das ist kein Übel, sondern etwas Gutes. Es ist eine günstige Bedingung für das Nachdenken, wenn die Phantasie auf diese Weise mit der Idee verbunden und gleichsam verwoben ist, daß das Denken den ganzen Körper in Aufmerksamkeit versetzt; das verleiht dem jungen Affen menschliches Aussehen.

Auguste Comte hat ein Gesetz von großer Bedeutung entdeckt, das man in diesen schwierigen Problemen zum Führer nehmen muß, daß nämlich jede Idee mit dem Fetischismus beginnt, der das bloße Spiel der Einbildungskraft ist, sich durch die Theologie oder, wenn man ein klareres Wort bevorzugt, die Mythologie vervollkommnet und sich schließlich in der methodischen Erfahrung vollendet, die sie zu den Tatsachen hinführt. Das läuft darauf hinaus zu sagen, daß wir zunächst Kinder sind; ich möchte sogar sagen, in jedem Gedanken und auf allen Altersstufen zunächst Kinder; was nicht von diesem Anfang ausgeht, gelangt nie zur wahren Reife. Deshalb muß man soweit gehen und sagen, daß allein die Dichtung wirklich Ideen schenken kann. Die sogenannte klassische Bildung kann nur so begriffen werden. Das Kind liest, lernt, sagt auswendig her, schreibt ab, übersetzt eine Fülle schöner Texte;

das heißt, in denen der Ausdruck der Idee immer bebildert wird durch das freie Spiel der Einbildungskraft, und das erkennt man daran, daß sie zunächst gefallen. Diese Texte sind natürlich dunkel und übersteigen das Fassungsvermögen des Kindes; aber eine solche Situation entspricht unserer Natur; und es ist gleichsam eine Vorsichtsmaßnahme, die man treffen muß, die Idee fest eingefügt in dem Ausdruck zu belassen; dem Kind gelingt es nicht immer, die Idee zu bilden, aber wenn es sie bildet, ist es eine, die ihm gehört und in ihm verwurzelt ist. Niemand hat eine wirkliche Idee ohne ein wenig Genie, das heißt, ohne eine geschliffene und disziplinierte Einbildungskraft, die dem Verstehen vorangeht.

Anders kann man die Macht der Mythen und der Gleichnisse, die sich stets als Metaphern in gutem Stil finden, nicht erklären. Platon spricht in Mythen und Jesus in Gleichnissen. Dadurch wird der Mensch im Innersten ergriffen, und es ist der schwerfällige Körper, der zuerst erwacht, die Einbildungskraft wird dann richtig eingestimmt durch die dichterische Verzauberung. Aber, und das ist eine noch tiefere Weisheit, der Lehrer überläßt uns an dieser Stelle uns selbst, beladen mit Bildern voller Sinn; und unsere Aufgabe ist es nun, die Idee dem Bild zu entnehmen, wenn wir es vermögen. Derartige Ideen haben dann Kindheit, Wachstum und wirkliche Reife. Und ich wüßte nicht, daß es eine andere Methode gibt, denken zu lernen. Das ist ein Grund, aber ein ziemlich verborgener, nicht zu früh weder Gedichte noch Märchen noch Fabeln zu erklären; das sind gleichsam Samenkörner, die man in den Geist wirft. Und wenn man sich zu irgendeinem Kommentar hinreißen läßt, so besteht die beste Übung immer darin, durch wiederholtes Hersagen auf den wörtlichen Ausdruck zurückzuführen. Auf diese Weise gibt die Bibel unzähligen Generationen den Buchstaben vor dem Geist; und diese Methode, die der Ehrfurcht entspricht, verleiht sogar ziemlich gewöhnlichen Ideen Kraft. Homer wurde durch Bewunderung zur Bibel der Griechen.

## *Vom historischen Geist*

Das Studium der klassischen Literatur definiert vielleicht den historischen Geist besser, als es die Geschichtswissenschaft selbst tut. Der beste Führer ist hier der Totenkult, der überall uralt und überall noch in Kraft ist. Nun, es vollzieht sich im Geist der Überlebenden immer eine Reinigung und so etwas wie ein Versuch der Apotheose durch das Bedürfnis zu bewundern, das der eigentlich menschliche Teil der Liebe ist. Selbst gegenüber einem Lebenden sieht eine hohe Liebe über Kleinigkeiten hinweg und oft sogar über schwere Fehler und löscht sie aus, indem sie immer einen Grund sucht, das Beste anzunehmen und zu hoffen. Das ist eine furchtbare Prüfung für jeden Menschen, der sich auf diese Weise immer in der Schuld der Tugenden findet und oft von Mißerfolg zu Mißerfolg schreitet. Die Toten aber begehen keinen Fehler mehr. Und da es eine richtige Bewegung des Nachdenkens ist, aus dem Erinnern an sie Rat einzuholen, finden sie sich in unserem Denken mit dem Ernsthaftesten und Vernünftigsten verbunden, das wir in uns haben. Die Verehrung folgt also dem Erinnern. Und dadurch leistet gewiß das Vorurteil der Würde dem einzelnen Hilfe, da er sich immer ein überlebensgroßes Vorbild schafft.

Nach diesem Muster des historischen Geistes müßte man also kühn immer viel vergessen und unterdrükken, so daß man der Jugend schließlich so etwas wie eine wahre Legende darbietet. Darauf zielt die schöne

Literatur ab, die immer nur das Beste dessen bedenkt, was bleibt. Und nur durch dieses Mittel kann die Menschheit sich retten. Darum ist die Gelehrsamkeit, die alles herabsetzt, ein trauriges Spiel. Jedenfalls gibt es für die Erziehung keinen Zweifel; man braucht eine heroische Geschichte, wofür der Mythus von Herkules das vollkommene Modell ist.

Ich habe wahre Legende gesagt. Denn es ist wahr, daß der Mensch über furchtbare Tiere triumphiert hat und über alles, was es an Brutalem und Gierigem im Menschen gab, wie es wahr ist, daß der Mensch das Feuer erfunden hat, das Rad, die Winde, gebrannten Ton, das Glas, die Keule, den Bogen und lauter Werkzeuge und Maschinen; wie es auch wahr ist, daß er die Sprache, die Schrift und die Algebra erfunden hat; Märkte, Banken, und Genossenschaften; Gerechtigkeit, Mut und Maß, alles Dinge, die nicht immer so waren, wie sie sind. Und obgleich Ungewißheit herrscht über jeglichen Ursprung, herrscht nicht so große Ungewißheit über die Mittel. Man weiß nicht, von welcher wilden Pflanze der Weizen abstammt, aber man weiß, daß er durch Pflege, Weitergabe, Auswahl der Körner das geworden ist, was er ist; ebenso ist es mit der Zucht der Tiere und mit allen Erfindungen, die immer einen bestimmten Zustand der Gesellschaft voraussetzen und eine Überlieferung des Wissens und gleichzeitig geduldige Versuche und einfallsreiche Beobachtungen des einzelnen. Und da es in der Erziehung der größte Fehler ist, das Niedere zu vergessen, das alles trägt, zum Beispiel die Lektüre, die die Bildung trägt, so hieße es in gewisser Weise den Boden unter den Füßen verlieren, wenn man in der Geschichte vergäße, was am wenigsten bekannt ist, was aber am leichtesten vermutet werden kann, nämlich die Erfindungen, die zunächst Macht, Vorräte und Muße verliehen, ohne die ein höheres Leben überhaupt nicht denkbar wäre. Ganz abgesehen davon, daß in dieser vorausgesetzten Geschichte jeder Mensch sich wiederfindet und sich erkennt, und zwar viel größer als in Wirklichkeit; denn das wirkliche Leben bietet niemals so viel Folgerichtigkeit, und es ist nun einmal so, daß der Mensch leicht seine wahre Macht vergißt. Und das ist zweifellos der Grund dafür, daß die besser bekannte Geschichte der jüngsten Ereignisse fast immer über allen Nebensachen den Fortschritt vergißt. Daher ist die vorausgesetzte Geschichte der ersten Erfindungen eine gute Vorbereitung für die andere Geschichte; und ich möchte, daß man in der Geschichte der Qualen, der Kämpfe und der Revolutionen dieselbe Art von Wahrheit sucht, die die Geschichte des Weizens oder die Geschichte des Feuers für sich beansprucht.

# *Von den Dichtern*

Die Sprache ist ein Instrument des Denkens. Diejenigen, die wir faul, schläfrig, träge nennen, sind wahrscheinlich vor allem ungebildet, und zwar in dem Sinne, daß sie nur über eine kleine Anzahl von Wörtern und Ausdrücken verfügen; und die Verwendung eines Allerweltswortes ist ein auffallender Zug von Banalität. Diese Armut aber ist noch sehr reich, wie Geschwätz und Streitigkeiten zeigen; dennoch zeigen die Übereilung des Redeflusses und die Wiederkehr derselben Worte sehr wohl, daß der Mechanismus keineswegs beherrscht wird. Der Ausdruck »nicht wissen, was man sagt« hat also seinen Sinn. Man kann diese Geschwätzigkeit in allen Arten der Trunkenheit und des Wahns feststellen. Und ich glaube nicht einmal, daß der Mensch aus anderen Ursachen Unsinn redet; die Heftigkeit im Reden bringt mit Gemeinplätzen Verrückheit hervor. Wahr ist aber auch, daß der erste Gedankenblitz in jedem Erwachsenen und in jedem Kind darin besteht, daß er in dem, was er sagt, einen Sinn findet. So seltsam das ist, wir sind beherrscht von der Notwendigkeit, zu sprechen, ohne zu wissen, was wir sagen wollen; und dieser sibyllinische Zustand ist jedem angeboren; das Kind spricht ganz natürlich, bevor es denkt, und es wird von anderen viel eher verstanden, als es sich selbst versteht. Denken heißt also, mit sich sprechen.

Gewiß ist es ein schöner Augenblick, wie Comte bemerkt hat, in dem der Mensch, allein mit sich selbst, sich zugleich in der Rolle des Verteidigers und des Richters befindet; es ist der Augenblick des Nachdenkens; es ist sogar der Augenblick des Gewissens; zweifellos bringt man das Selbst nur hervor, indem man mit sich selbst spricht. Aber sagen wir auch, daß es in diesem einsamen Geschwätz eine Unruhe gibt, die zur Manie werden kann. Zunächst einmal kann man sein Wort nicht lenken; denn sein Wort lenken heißt, ganz leise versuchen und laut wiederholen; bin ich allein, muß ich mich meinem Wort anvertrauen und ihm zuhören; und die Enttäuschung, die der übliche Zustand ist, verärgert einen alsbald. Man begreift hier den Wert der Maximen, durch die der sprachliche Mechanismus an der Weisheit teilhat. Und gewiß liegt ein maßloses Vergnügen darin zu wiederholen; das heißt, sich wiedererkennen und die Herrschaft über sich gewinnen; deshalb gefallen die Märchen nur in festgelegter Form.

Aber diesem Bedürfnis des Erkennens entgegengesetzt findet sich in der Sprache als Mechanismus ein Bedürfnis nach Abwechslung, das biologischer Natur ist und das die Musik, die Poesie und die Rhetorik befriedigen müssen. Denn gewisse Teile müssen sich ausruhen, und andere müssen sich nach der Untätigkeit lockern. Und da der ungebildete Schwätzer nicht über ein Gedächtnis verfügt, das mit schönen Worten geschmückt ist, stürzt er sich von einer Rede in die andere, ohne daß er sie auch nur genau wiederholen könnte, was, wie ein Gedankenblitz, den Durchbruch erzielen würde.

Bedenken wir, daß im Gegensatz zu diesem intellektuellen Elend ein schöner Vers eine wunderbare Stütze für das Nachdenken ist. Denn einerseits kann man sich nicht treiben lassen, da man ihn nicht anders sagen kann, ohne gegen Reim oder Rhythmus zu verstoßen; man hält an, man findet wieder, und man findet sich wieder. Aber vor allem entwickelt diese Kunst, das eigene Denken zu singen, mit dem rhythmischen Satz stets nach der Anstrengung den Ausgleich, sei es, was den Klang, sei es, was die Aussprache betrifft, und das führt zur Ruhe nach einer gleichmäßigen Tätigkeit der Sprechorgane; und so findet man sich denn geschützt gegen die ausschweifende Rede, wohingegen ein schlecht gebauter Satz einen weiteren nach sich zieht. Deshalb wird die Unterhaltung mit sich selbst nur richtig gestützt durch die kraftvollen Sentenzen der Poesie. Durch solche Werke also beginnt das Kind zu denken; es kann sich jetzt selbst zuhören und sein eigenes Denken in dem menschlichen Werk wiedererkennen; aber die erste Wirkung ist ästhetischer Art; das Kind wird zunächst festgehalten oder ergriffen, dann erst erkennt es sich. Und diese Bemerkungen machen dem Lehrer sogleich Mut bei der Auswahl der Werke; denn die Hauptsache ist, daß sie schön sind und voller Sinn; aber die Reihenfolge ist nicht so, daß das Kind sie begreift, bevor es sie behält. Und gewiß gibt es in den Improvisationen des Kindes etwas zu begreifen; aber der Lehrer glaubt zu leicht, daß das, was das Kind interessiert, es auch belehrt; im Gegenteil verliert sich das Kind in dem, was es sagt; und das ist ein entscheidender Grund – wenn man sich darauf verlegt, freie Antworten zu fordern –, daß man sie immer sogleich niederschreiben läßt, um die Antwort erneut zu befragen. Die allgemeine Sprache nennt ohne weiteres jene Formeln Gedanken, die man behält, die sich dem Gedächtnis einprägen und die auf diese Weise dem Nachdenken ein Objekt liefern. Und wenn ich sage, daß eine solche Stütze für das Kind notwendig ist, meine ich nicht, daß der Erwachsene, und sei es der gefestigtste und reifste Geist, sie entbehren könnte; der verbreitetste Fehler ist der, sich treiben zu lassen und von einer Idee in die andere zu stolpern nach den mechanischen Gesetzen des Falls. Verwirrung ist der treffende Name für diesen irrenden Geisteszustand.

Auguste Comte hat also etwas Großartiges gesagt, als er die Meditation über ein Gedicht Gebet nennen wollte; denn es heißt, das Menschliche befragen in dem, was es an Vortrefflichstem hervorgebracht hat; das heißt, wie Moses an den Felsen schlagen und das Wunder bewirken; sich in einem Gedicht wiederfinden, das vielleicht tausend Jahre alt ist; und den größten Reichtum, und das ohne Ende, diesem unbeweglichen Objekt entnehmen. Jede ästhetische Betrachtung hat diesen Charakter; aber der schöne Name Gebet kommt nicht allen gleichermaßen zu; er trifft am besten zu, wenn ich, wo immer es sei, durch andächtiges Rezitieren dieses hilfreiche Objekt hervorbringen kann. Und wer keinen Gottesdienst kennt und kein Gebet, wird nie die wahre Aufmerksamkeit erfahren.

## *Nachwort*

Hierzulande kennt jeder Abiturient den Namen Camus, jeder Gebildete den Namen Sartre, aber nicht einmal jeder Romanist kennt Alain, obwohl er längst mit vier Bänden in die Bibliothèque de la Pléiade eingegangen ist, dieses Pantheon der Weltliteratur. Ein solcher Mangel verwundert um so mehr, als Alain der Literatur eine neue Form geschenkt hat – das Propos, eine Mischung aus gedrängtem Essay und Prosagedicht.

In seinem Vorwort zur ersten größeren Propos-Ausgabe von 1956 bestimmt André Maurois die Besonderheit dieser Form: »Niemand hatte je einen Journalismus von solcher Qualität gewagt«, und schrieb sie dem Ehrgeiz Alains zu, Philosophie in Literatur und Literatur in Philosophie verwandeln zu wollen. Das innere Gesetz des Propos-Schaffens aber erkannte bereits zu Lebzeiten Alains sein Zeitgenosse Paul Valéry und formulierte seine Einsicht in dem geschliffenen Paradox: »Im Haushalt des Geistes ruiniert Sparsamkeit, die Verschwender werden immer reicher.«

Alain, der von Hause aus Emile Auguste Chartier hieß, wurde 1868 in Mortagne-au-Perche in der Normandie geboren, unterrichtete als Philosophielehrer zunächst in der Provinz und schließlich an dem berühmten Lycée Henri IV in Paris. Von 1906 bis 1936 schrieb er täglich und unentgeltlich seine Propos für eine Tageszeitung. Er starb in Le Vésinet im Jahre 1951. Dieser gebürtige Franzose mit europäischer Bildung und universalem Geist gehörte keiner Schule an und bildete keine. Simone Weil, die am Henri IV zu seinen Schülern gehörte, ging später eigene Wege.

Da das Nachwort auf wenigen Seiten keine rechte Vorstellung von der Themenvielfalt und dem Gedankenreichtum Alains vermitteln kann, muß es sich auf ein paar vermischte Hinweise zum Lesen, Schreiben und Denken dieses Autors beschränken. Der Philosoph ist für Alain in gewisser Weise ein Seelenarzt, die Philosophie ihrem Wesen nach Ethik und Erkenntniskritik, weil unser natürlicher Zustand der Irrtum ist, die Verwirrung und Zusammenhanglosigkeit unserer Gedanken. Der innere Vorgang jedes Propos versucht daher, den Leser zu sammeln und zur Klarheit zu führen; denn auf dem gedankenlosen Dunkel gründet die Angst, unser unglücklichster Zustand. Demnach besteht das Talent des Arztes darin, den Teil des Menschen, der den übrigen retten kann, wieder zu erwekken und ihm eine Richtung zu geben. Das aber vermag allein die Kraft der Idee im Entstehen. In ihr liegt die eigentliche Faszination des Propos: sie ist jener schöne Einklang von lichtvoller Philosophie und poetischem Hauch.

Alain schreibt, wie man in Holz schnitzt: er findet sich mit dem jeweiligen Schnitt ab, denn er kann ihn nicht zurücknehmen. Daher korrigiert er nie. Prosa war ihm fixierte Freiheit, ein ständiges sich Herausarbeiten aus Unklarheit und Unfreiheit, ein Reinigungsprozeß.

Sie ist ihm nicht, wie Poesie, für das Ohr, sondern für das Auge bestimmt. »Denn das Auge durcheilt jenes vernunfthaltige Objekt (das Buch), es wählt sein

Zentrum und führt alles darauf zurück, wie ein Maler, es setzt neu zusammen, es unterstreicht, es wählt seine Perspektiven, es sucht dieselbe Sonne auf allen Gipfeln.« Dieser Satz enthält eine ganze Leselehre, und der geübte Alain-Leser wird darin seine eigene Tätigkeit erkennen. Denn dieselbe Sonne auf allen Gipfeln seiner Prosa, das ist die Seelengröße, diese großartige Gesundheit des Geistes, zu der der Seelenarzt Alain den Leser hinführen möchte. Von ihr dürfen wir annehmen, daß sie ihm die Vollendung innerer Regierung ist, denn sie »liegt nicht nur im Besitz von etwas Großem, das, weil es Richter über alles ist, natürlicherweise alles überwindet, sie setzt auch das genaue Maß der menschlichen Schwäche voraus, der gegenüber sie weder nachsichtig noch streng, sondern im tiefsten Sinne gerecht ist.« Sie ist die schönste Form innerer Freiheit.

»Ein Mensch, der denkt, ruft eine immer reinere Instanz in sich an« – in solchem Vorgang besteht das Zusichfinden, das alle Propos anstreben. Denn der größte Fehler wäre, sich gehen zu lassen. Wer das tut, gelangt von selbst vom Zorn in den Haß, und das ist ein Schritt, den der Weise nicht tut, sagt Alain. Darum verweist er den Leser immer wieder an Descartes, da »keiner näher bei sich selbst philosophiert hat«. Alain verachtet jene Erregtheit, die sich zur Methode des Denkens machen möchte.

So sind die Propos eine täglich erneuerte Auflockerung, eine ständige Gymnastik des Geistes; und dem entspricht die Lesegewohnheit Alains: er las nicht, um mit etwas fertig zu werden, nicht, um zu kritisieren – Kritik war ihm »ein undankbares Geschäft« –, sondern er las das Beste immer wieder, er lebte in ständiger freundschaftlicher Unterhaltung mit den Geistern über Raum und Zeit hinweg. Das Fundament seines Lesens war die Bewunderung, und Denken war ihm fortwährendes Andenken. »Äsop, Sokrates, Jesus sind in all unseren Gedanken anwesend.« Andenken hieß ihm, wieder zum Leben erwecken, was es Großes in den Toten gab. Erst das Band von der Vergangenheit zur Gegenwart machte ihm eine Gesellschaft aus. »Der Mensch denkt die Menschheit, oder er denkt nichts.«

Die schönste Stelle solchen Bedenkens der Menschheit findet sich in dem Propos *Für das Griechische* vom 12. März 1932: »Ein Gedanke ist wie eine Kultur. Man muß von der stupiden Leichtgläubigkeit ausgehen; man muß sich daraus retten, und das immer wieder, denn der Mensch ist immer auf die gleiche Weise gebaut: Bauch, Herz und Kopf. Es gibt einen ägyptischen Augenblick all unserer Gedanken, wie ich das ägyptische Gesicht bei jenem Menschen sehe, der von einem Gedanken angegriffen wird. Das griechische Gesicht muß folgen mit einer bewundernswerten Nacktheit, die der Geometrie des Thales ähnelt. Dann der Heilige des Kirchenfensters. Nur, mein wunderbarer Freund (so sprach Sokrates), gib wohl acht, daß du, während du deine Seele rettest, auch jenen ganz nackten Geist rettest, den du brauchst, um ebenso schnell zu laufen wie die Geschichte. Denn nicht alles ist gesagt, oder besser, was gesagt ist, zählt nicht mehr. Alles ist neu.«

Der »ganz nackte Geist«, das ist die beweglichste Form des Beisichseins, der Geist, der sich nicht an ein System verliert, reines Vermögen. Diesem galt die tägliche Übung Alains. Ein Beisichsein, wie man es von Marc Aurel kennt, aber weltoffener. Eine solche geistige Beweglichkeit in die zwei Seiten eines Propos einzufangen, das vermag die Kunst Alains. Das Propos, das er der Fuge entlehnt hatte, war ihm sinnvoll, weil es versammelt und bindet. Die Fuge erschien ihm als »ein einziges Wesen mit einem einzigen Herzen und einem einzigen Gedanken.« Der Geist des Ganzen war ihm der Geist, die Geistesgeschichte in den schönsten Beispielen stets gegenwärtig. Diese Gegenwart unterscheidet Alain von den Historikern der Philosophie. Er faßte den Werdegang des Geistes nämlich nicht als Etappen, sondern als Etagen auf.

Als Alain im Jahre 1904 – zwei Jahre vor Beginn seines Propos-Schaffens – seine Marschroute absteckte, entschied er sich gegen den Systembau und für den Essay. So entstand kein Systemprogramm wie beim jungen Hegel, sondern der Vorsatz einer Verhaltensweise: »Sie haben Systeme, wie man Fallen hat, um etwas einzufangen. So wird jeder Gedanke in einen Käfig gesperrt, und man kann kommen und ihn sich anschauen; wunderbares Schauspiel, lehrreiches Schauspiel für die Kinder, alles ist in Ordnung gebracht in diesen vorbereiteten Käfigen. Jedoch das Wahre spottet dessen. Das Wahre eines Einzeldinges in einem bestimmten Augenblick ist das Universelle keines Augenblicks. Wenn man es sucht, verliert man sein System, wird Mensch; man ist wachsam, bewahrt sich frei, kraftvoll, immer bereit, jedes Ding zu ergreifen, wie es ist, jede Frage zu behandeln, als wäre sie die einzige, als wäre sie die erste, als wäre die Welt gestern entstanden. Lethe trinken, um zu neuem Leben zu erwachen.«

Ihm genügte die kleine Form nicht nur, er brauchte sie als immer neuen Ansatz für sein Denken. »Nachdenken«, so sagt er in der Einleitung zu den *81 Kapiteln über den Geist und die Leidenschaften*, »nennt man diese kritische Gedankenbewegung, die von jeder Erkenntnis immer zu demjenigen zurückkehrt, der sie entfaltet, um ihn immer weiser zu machen.« Darin besteht der Verlauf jedes Propos, und das ergibt jenes schöne Philosophieren, das so frei ist, als lasteten auf ihm nicht Jahrtausende, sondern als wäre die Welt gestern entstanden. Diese ständig erneute Freude des Erhellens ist für ihn, wie für Spinoza, der Friede selbst.

Alain, der die Vergleiche Homers so sehr schätzte, hat in seinem Propos *Die höchste Tugend des Schriftstellers* vom 3. Januar 1912 den treffendsten Vergleich seines eigenen Tuns gefunden: »Die Vernunft steht über den Tatsachen; sie erhellt sie unermüdlich; das ist ihre Weise, in der Welt zu wirken. Wie ein Leuchtturm, der weder den Wind noch die Wellen noch den Nebel verändert, sondern nur nach Zahl und Vorschrift leuchtet.«

Duderstadt, März 1993

# *Zu dieser Ausgabe*

Band I der in der Bibliothèque de la Pléiade gesammelten *Propos* (© Editions Gallimard, 1956) wurden entnommen: Die innere Regierung, Victor Hugo und Stendhal, Die Psychologen, Magie und Wort, Höflichkeit (6. Januar 1922), Pflanzen, Das Erhabene und die Schande, Unterhaltungen, Menschliche Geographie, Die großen Sinnbilder, Die Steinaxt, Instinkt, Der Apostel Petrus, Epos, Dämmrige Gedanken, Das Wort, Mitteilen, Technik und Wissenschaft, Die natürliche Sprache, Höflichkeit (20. Dezember 1930), Eitelkeit, Porträts der Macht, Die Heiligen, Politik und Religion, Zweierlei Tod, Entstehung unserer Gedanken, Napoleon und seine Günstlinge, Wildgänse.

Band II der Pléiade-Ausgabe (© Editions Gallimard, 1970) wurden entnommen: Der Mut des Sokrates, Zola und Balzac, Tolstoj, Spinoza lesen, Kinderzeichnungen, Ein Hahn ist ein Hahn, »Die neue Heloïse«, Kant, Der Ameisenlöwe, Vortragen und Unterrichten, Materialist und Idealist, Rousseau und das Gewissen, Nichts ersetzt das Kunstwerk, Die Kunst des Romanciers, Notwendigkeit und Freiheit, Die wahre Menschenkenntnis, Zwei Arten von Schriftstellern, Sich beobachten heißt sich verändern, Zorn, Zuviel Geist, Der größte Fehler.

Die Propos des Kapitels Humaniora, ursprünglich erschienen im Dezember 1925 in der Zeitschrift *Le Navire d'Argent*, wurden dem ebenfalls in der Bibliothèque de la Pléiade erschienenen Band *Les passions et la sagesse* (© Editions Galllimard, 1960) entnommen.

Umschlagabbildung: Rudolf Dischinger, Masken und Bücher. Um 1938. Ausschnitt. Die Wiedergabe erfolgt mit freundlicher Genehmigung der Galerie Schlichtenmaier, Grafenau.

## Philosophie
## im insel taschenbuch

Augustinus: Bekenntnisse. Lateinisch und Deutsch. Eingeleitet, übersetzt und erläutert von Joseph Bernhart. Mit einem Vorwort von Ernst Ludwig Grasmück. it 1002

Franz von Baader: Erotische Philosophie. Aus den Schriften Franz von Baaders. Herausgegeben von Gerd-Klaus Kaltenbrunner. it 1320

Jakob Böhme: Christosophia. Ein christlicher Einweihungsweg. Herausgegeben von Gerhard Wehr. it 1412

Boethius: Trost der Philosophie. Zweisprachige Ausgabe. Lateinisch und deutsch. Mit einem Nachwort von Ernst Ludwig Grasmück. it 1215

Giordano Bruno: Das Aschermittwochsmahl. Übersetzt von Ferdinand Fellmann. Mit einer Einleitung von Hans Blumenberg. it 548

Marcus Tullius Cicero: Von den Pflichten. Lateinisch und deutsch. Neu übertragen und herausgegeben von Harald Merklin. Mit einem Nachwort von Manfred Fuhrmann. Zweisprachige Ausgabe. it 1273

Epiktet: Wege zum glücklichen Handeln. Aus dem Lateinischen von Wilhelm Capelle. it 1458

Epikur: Philosophie der Freude. Briefe, Hauptlehrsätze, Spruchsammlung, Fragmente. Übertragen und mit einem Nachwort versehen von Paul M. Laskowsky. it 1057

Erasmus von Rotterdam: Das Lob der Torheit. Mit den Randzeichnungen von Hans Holbein dem Jüngeren. Übersetzt und herausgegeben von Uwe Schultz. it 369

Kant-Brevier. Ein philosophisches Lesebuch für freie Minuten. Herausgegeben von Wilhelm Weischedel. it 61

Sören Kierkegaard: Tagebuch des Verführers. Aus dem Dänischen von Helene Ritzerfeld. it 405

Niccolò Machiavelli: Der Fürst. Aus dem Italienischen von Friedrich von Oppeln-Bronikowski. Mit einem Nachwort von Horst Günther. it 1207

Marc Aurel: Selbstbetrachtungen. Aus dem Lateinischen von Otto Kiefer. Mit einem Vorwort von Klaus Sallmann. it 1374

Meister Eckhart: Das Buch der göttlichen Tröstung. Ins Neuhochdeutsche übertragen von Josef Quint. it 1005

Michel de Montaigne: Essais. Herausgegeben und mit einem Nachwort versehen von Ralph-Rainer Wuthenow. Revidierte Fassung der Übertragung von Johann Joachim Bode. it 220

Thomas Morus: Utopia. Mit einem Nachwort von Norbert Elias. it 1206

167/1/8.92

## Philosophie
## im insel taschenbuch

Friedrich Nietzsche: Also sprach Zarathustra. Ein Buch für alle und keinen. Thomas Mann, Die Philosophie Nietzsches im Lichte unserer Erfahrung. it 145

– Der Antichrist. Versuch einer Kritik des Christentums. it 947

– Ecce homo. Mit einem Vorwort von Raoul Richter und einem Nachwort von Ralph-Rainer Wuthenow. it 290

– Die fröhliche Wissenschaft. Mit einem Nachwort von Ralph-Rainer Wuthenow. it 635

– Die Geburt der Tragödie aus dem Geiste der Musik. Mit einem Nachwort von Peter Sloterdijk. it 1012

– Zur Genealogie der Moral. Eine Streitschrift. it 1308

– Götzen-Dämmerung oder Wie man mit dem Hammer philosophiert. it 822

– Jenseits von Gut und Böse. Mit der Streitschrift ›Zur Genealogie der Moral‹ und einem Nachwort von Ralph-Rainer Wuthenow. it 762

– Menschliches, Allzumenschliches. Ein Buch für freie Geister. Mit einem Nachwort von Ralph-Rainer Wuthenow. it 614

– Morgenröte. Gedanken über die moralischen Vorurteile. Mit einem Nachwort von Ralph-Rainer Wuthenow. it 678

– Über die Frauen. Herausgegeben und mit einem Nachwort versehen von Klaus Goch. it 1335

– Unzeitgemäße Betrachtungen. Mit einem Nachwort von Ralph-Rainer Wuthenow. it 509

– Vom Nutzen und Nachteil der Historie für das Leben. it 1236

– ›Wie man wird, was man ist.‹ Ermutigungen zum kritischen Denken. Herausgegeben von Ursula Michels-Wenz. it 1096

– Der Wille zur Macht. Versuch einer Umwertung. it 1445

Raimundo Panikkar: Rückkehr zum Mythos. Aus dem Englischen von Bettina Bäumler. it 1386

Blaise Pascal: Größe und Elend des Menschen. Aus den »Pensées«. Auswahl, Übersetzung und Nachwort von Wilhelm Weischedel. it 441

– Über die Religion und über einige andere Gegenstände. Aus dem Französischen übertragen und mit einem Nachwort herausgegeben von Ewald Wasmuth. it 1008

Platon: Sämtliche Werke. Griechisch und deutsch. Nach der Übersetzung Friedrich Schleiermachers, ergänzt durch Übersetzungen von Franz Susemihl u.a. Griechischer Text nach der letztgültigen Gesamtausgabe der Association Guillaume Budé. Herausgegeben von Karlheinz Hülser. Zehn Bände in Kassette. it 1401-1410

167/2/8.92

## Philosophie
## im insel taschenbuch

Platon: Apologie. Protagoras. Sämtliche Werke I. Ion. Protagoras. Apologie. Kriton. Laches. Lysis. Charmides. Griechisch und deutsch. it 1401

– Euthyphron. Gorgias. Sämtliche Werke II. Euthyphron. Alkibiades I. Gorgias. Menexenos. Griechisch und deutsch. it 1402

– Menon. Kratylos. Sämtliche Werke III. Menon. Kratylos. Euthydemos. Hippias maior. Griechisch und deutsch. it 1403

– Symposion. Phaidon. Sämtliche Werke IV. Hippias minor. Symposion. Phaidon. Griechisch und deutsch. it 1404

– Politeia. Sämtliche Werke V. Politeia. Griechisch und deutsch. it 1405

– Theaitetos. Phaidros. Sämtliche Werke VI. Phaidros. Theaitetos. Griechisch und deutsch. it 1406

– Sophistes. Politikos. Sämtliche Werke VII. Parmenides. Sophistes. Politikos. Griechisch und deutsch. it 1407

– Timaios. Kritias. Sämtliche Werke VIII. Philebos. Timaios. Kritias. Griechisch und deutsch. it 1408

– Nomoi. Sämtliche Werke IX. Nomoi. Griechisch und deutsch. it 1409

– Briefe. Sämtliche Werke X. Briefe. Unechtes. Griechisch und deutsch. it 1410

– Phaidon. In der Übersetzung von Rudolf Kassner. Mit einem Nachwort von Karl Hielscher. it 379

– Das Trinkgelage oder Über den Eros. Übertragung, Nachwort und Erläuterungen von Ute Schmidt-Berger. Mit einer Wirkungsgeschichte von Jochen Schmidt und griechischen Vasenbildern. it 681

Jean-Jacques Rousseau: Bekenntnisse. Aus dem Französischen von Ernst Hardt. Mit einer Einführung von Werner Krauss. it 823

Arthur Schopenhauer: Aphorismen zur Lebensweisheit. Vollständige Ausgabe mit Erläuterungen und Übersetzung der fremdsprachigen Zitate. Mit einem Nachwort von Hermann von Braunbehrens. Mit 16 Daguerreotypen und Fotos und Bilderläuterungen von Arthur Hübscher. it 223

Arthur Schopenhauer. Leben und Werk in Texten und Bildern. Herausgegeben von Angelika Hübscher. it 1059

Seneca: Vom glücklichen Leben. Philosophische Schriften und Briefe. Herausgegeben und aus dem Lateinischen übertragen von Heinz Berthold. it 1457

Voltaire: Candide oder der Optimismus. Mit Zeichnungen von Paul Klee. it 11

– Philosophisches Wörterbuch. Nach der Textauswahl von Rudolf Noack. Herausgegeben und eingeleitet von Karlheinz Stierle. Aus dem Französischen von Erich Salewski und Karlheinz Stierle. it 855

167/3/8.92